Im ICE zu Gott

Jürgen Kramke

Im ICE zu Gott
Eine Reise zu neuen Horizonten

Bibliografische Information der Deutschen Bibliothek:
Die Deutschen Bibliothek verzeichnet diese Publikation in der Deutschen Nationalbibliographie; detaillierte bibliographische Daten sind im Internet über http://dnb.ddb.de abrufbar.

© 2016 Jürgen Kramke
Umschlaggestaltung Petra Kramke
Überarbeitete Neuauflage
Alle Rechte vorbehalten
Herstellung und Verlag: BoD - Books on Demand, Norderstedt

ISBN: 9783741282478

Vorwort

In einer so schnelllebigen Zeit wie der heutigen hat kaum noch jemand die notwendige Muße, um über den Tellerrand seines Erkenntnishorizonts hinweg zu schauen. Die Bewältigung der täglich anfallenden Aufgaben erfordert oftmals so viel Lebenskraft, dass die meisten Menschen schon froh sind, wenn sie neben der Arbeit und dem Haushalt noch etwas Ruhe zur Entspannung haben. Da bleibt leider viel zu oft keine Zeit mehr, um über die Sinnfragen des Lebens nachzudenken.

Glücklicherweise gibt es im Leben des Menschen immer wieder "Zufallskonstellationen", in denen er die notwendige Muße findet, um sich mit derartigen Fragen auseinanderzusetzen. Solch ein glücklicher Umstand wird in diesem Buch beschrieben. Dort begegnen sich die Lebenswege von drei Personen, welche sich die Zeit nehmen, um miteinander über die Sinnfragen des Lebens zu reden.

In diesem Gespräch prallen in gewisser Weise Wissenschaft und Glauben aufeinander. Glücklicherweise gelingt es allen am Meinungsaustausch Beteiligten, dogmatische Besserwisserei zu vermeiden und konstruktiv aufeinander zuzugehen. Diese offene Atmosphäre führt letztendlich zu einem gegenseitig sehr befruchtenden Dialog.

Ich möchte Sie einladen, bei diesem spannenden Gespräch dabei zu sein.

Viel Freude beim Lesen wünscht Ihnen

Jürgen Kramke

Typisch, wenn man es einmal eilig hat, scheint sich alles gegen einen verschworen zu haben.

Offensichtlich ist es gestern bei meiner Abschiedsfeier ein wenig spät geworden, denn zum Lohn dafür, dass ich erst um zwei Uhr morgens in mein Bett gekommen bin, habe ich heute früh den Wecker völlig überhört. Wenn mich nicht das laute Geklapper der Müllleute geweckt hätte, die in der gewohnten Rücksichtslosigkeit die Mülltonnen geleert haben, wäre ich wahrscheinlich ohne ein hastiges Frühstück und ungeduscht in das am Vortag bestellte Taxi eingestiegen.

Zu allem Überfluss steckt jetzt auch noch das schon in die Jahre gekommene Taxi im Stau fest und ich fange an, mir ernsthaft Sorgen darüber machen, ob ich meinen Zug nach München noch erreichen werde.

Meine zunehmende Unruhe scheint der mit seinem Fahrzeug altgewordene Taxifahrer nicht zu bemerken, denn er erzählt mir in aller Seelenruhe von einem ehemaligen Fahrgast, dem beim Aussteigen aus seinem Wagen der Koffer aufgesprungen ist und die "Klamotten" vor dem Taxi auf der Straße verteilt herumlagen. Irgendwie scheint ihn das Malheur seines ehemaligen Fahrgastes zu amüsieren, denn er erzählt in aller Ausführlichkeit, wie er geholfen hat, die Utensilien zusammenzutragen und wahllos in den Koffer zu stopfen. Der Gedanke, welches Gesicht der amerikanische Zollbeamte bei der Kontrolle des chaotisch gepackten Koffers machen würde, zaubert ein breites Grinsen in sein von einem Bart verziertes Gesicht.

Etwas ungeduldig höre ich mir seine Geschichte eine Zeit lang an und versuche, das Gespräch auf die Frage zu lenken, ob wir denn noch meinen Zug um 8:39 Uhr erreichen würden. Gelassen schaut der wohlgenährte Taxifahrer auf die Borduhr seines Wagens, um mich dann mit den Worten: „Keene Panik Meista, det klappt schon allet", zu beruhigen. Und tatsächlich scheint sich der Stau etwas zu lichten, denn in nicht allzu weiter Ferne ist schon die Gedächtniskirche zu sehen, und von dort aus ist es nicht mehr weit bis zum Bahnhof. Wenige Minuten später hält der Taxifahrer mit seinem Wagen vor dem

Eingangsportal. Nachdem ich bezahlt habe, wuchte ich mit den Gedanken an den unglücklichen USA-Fahrgast mit sehr viel Bedacht meinen Koffer aus dem Kofferraum und stelle ihn vorsichtig ab.

Schnell begebe ich mich in die den morbiden Charme besserer Zeiten ausstrahlende Bahnhofshalle und halte Ausschau nach einem Fahrplan, aus dem ich den Bahnsteig entnehmen kann, von dem aus mein Zug nach München abfährt. Während ich noch dabei bin, die Logik des Fahrplanes zu ergründen, erschallt aus dem Bahnhofslautsprecher eine kaum zu verstehende Stimme mit der Nachricht, dass der ICE nach München planmäßige Abfahrt um 8:39 Uhr, in wenigen Minuten auf dem Bahnsteig 3 einfährt.

Mit eiligen Schritten begebe ich mich zu der für meinen Bahnsteig zuständigen Rolltreppe und in Anbetracht der dort anstehenden Menschenschlange keimt in mir der Verdacht auf, dass scheinbar die halbe Stadt nach München fahren will.

Nach einer endlos erscheinenden Zeit des Anstehens komme ich endlich in den Genuss, mit der Rolltreppe hinauf zum Bahnsteig fahren zu dürfen. Während der langsamen Rolltreppenfahrt entwindet sich aus dem Bahnhofslautsprecher eine gequetschte Ansage, die nach einigem Nachdenken so viel bedeutet, dass mein Zug ist gerade eingefahren ist und ich in vier Minuten eingestiegen sein muss.

Offensichtlich haben die Menschen vor mir auf der Rolltreppe diese Information nicht verstanden, denn niemand macht irgendwelche Anstalten, um schneller an das Ende der Rolltreppe zu gelangen. Auch mein laut vorgetragener Wunsch, man möge mich doch bitte vorbeilassen, zeigt keinerlei Wirkung. Ich muss geduldig auf meiner Stufe stehend warten, bis ich endlich oben am Bahnsteig angekommen bin. Zum Glück steht der Zug noch da und ich habe mit wenigen Schritten die Waggontür erreicht.

Kaum bin ich in den Waggon eingestiegen ertönt auch schon aus dem Lautsprecher das Signal zum Losfahren. Die Türen schließen sich und der Zug setzt sich langsam in Bewegung.

Jetzt gilt es, mein reserviertes Abteil zu finden, in dem ein bequemer Fensterplatz auf mich wartet. Den habe ich mir in Anbetracht der Tatsache, dass die Fahrt fast sechs Stunden dauert, gegönnt. Nach einer längeren Wanderung durch den leicht schwankenden Zug finde ich endlich mein Abteil, das erfreulicherweise nur mit zwei Personen besetzt ist.

Meine rhetorische Frage, ob denn der Fensterplatz noch frei sei, wird von dem im Abteil sitzenden Mann bejaht, sodass ich frohgemut eintrete, meinen Koffer vorsichtig in die Gepäckablage wuchte und es mir auf dem freien Platz bequem mache.

Ahh, geschafft, endlich kann ich mich von den Ereignissen des doch recht hektischen Morgen entspannen.

Der mir gegenübersitzende etwa 50 Jahre alte Mann liest in einem Buch und die neben ihm sitzende in meinem Alter befindliche Frau ist wohl etwas müde, denn sie hat die Augen geschlossen und scheint ein wenig zu schlafen. Wahrscheinlich ist sie die Tochter des recht seriös gekleideten Mannes, denn sie hat ihren Kopf an seine Schulter gelehnt.

Mit dem Gefühl, in einem Abteil mit angenehmen Mitreisenden zu sitzen, lehne ich mich entspannt zurück und beobachte durch das Fenster, wie der Zug die Stadt verlässt und das Häusermeer durch eine weitaus schönere Landschaft abgelöst wird.

Über den vorbeiziehenden Feldern liegt teilweise noch der Morgennebel und vereinzelt sieht man ein paar Kühe auf der Weide stehen. Die beruhigende, im Glanz der Morgensonne glitzernde Landschaft in der Verbindung mit dem monotonen Fahrgeräusch des Zuges sorgt dafür, dass meine Augenlider immer schwerer werden und ich sehr schnell den Kampf gegen die Müdigkeit aufgebend in einen angenehmen Schlummer falle.

Nach kurzer Zeit stellt sich ein Traum ein, in dem ich auf einem hohen Berg am Gipfelkreuz angelehnt stehe und auf den etwas weiter weg liegenden Nachbarberg schaue, der sich als ein Rauchwolken ausstoßender, Lava speiender Vulkan entpuppt. Der hoch in den Himmel steigende Rauch verdunkelt die ganze Umgegend und aus dem Tal wabern gelbgraue, leicht nach Schwefel riechende Nebelschwaden hoch. Eine düstere und bedrückende Stimmung will sich gerade meiner bemächtigen, als ich aus der Ferne eine Stimme vernehme, die irgendwie überhaupt nicht in meinen Traum hineinpasst. Erst bei einem nochmaligen Hinhören wird mir bewusst, dass die Stimme gar nichts mit meinem Traum zu tun hat. Es ist der Schaffner, der sich gerade noch rechtzeitig nach meiner Fahrkarte erkundigt, bevor der Traum unangenehm werden konnte.

Ein bisschen verschlafen suche ich nach meiner Fahrkarte und reiche sie, nachdem ich sie in der Innentasche meiner Jacke gefunden habe, wortlos dem Schaffner. Mit dem Wunsch einer angenehmen Weiterfahrt reicht er mir freundlich die Karte zurück und verlässt dynamischen Schrittes das Abteil.

Noch leicht benommen von meinem Traum fällt mein Blick auf das Buch meines mir gegenübersitzenden Reisegefährten mit dem vielsagenden Titel »Himmel und Hölle«. „Na so ein Zu-fall" denke ich, erst solch ein an ein höllisches Inferno erinnernder Traum und dann sitzt mir ein Mensch gegenüber, der gerade etwas über die Hölle liest.

Offensichtlich hat mein Mitreisender bemerkt, wie ich gedankenversunken auf sein Buch starre, denn mit einer sehr warmen und freundlichen Stimme sagt er zu mir auf sein Buch zeigend: „Ein sehr interessantes Buch".

Aus meinen Gedanken gerissen frage ich ihn höflich: „Ist das ein Roman oder mehr so eins dieser religiösen Bücher?"

„Nun", sagt mein Gesprächspartner, „bei diesem von dem schwedischen Naturforscher, Visionär und Mystiker Emanuel Swedenborg geschriebenen Buch handelt es sich doch mehr um ein religiöses Werk, in dem es um das Leben nach dem Tod des fleischlichen Körpers geht".

Wahrscheinlich hat mir mein Gegenüber meinen doch etwas ungläubigen Blick angesehen, denn er schaut mich lächelnd an und fragt mich dann: „Was denken Sie denn, gibt es ein Leben nach dem Tod?"

Etwas zögerlich sage ich ihm, dass ich nicht an ein Leben nach dem Tod glaube, denn, so füge ich scherzhaft hinzu, bisher ist noch keiner zurückgekommen.

Sehr freundlich fragt er mich: „Wie schätzen Sie denn die Berichte von Menschen ein, die schon einmal klinisch tot waren und während dieser Zeit oftmals sehr ungewöhnliche Dinge erlebt haben?

„Was für ungewöhnliche Dinge?", frage ich zurück.

Nach einem kurzen Moment des Nachdenkens sagt mein Gesprächspartner: „Vor einiger Zeit habe ich ein Buch von dem amerikanischen Nahtodforscher Dr. Moody[1] mit dem Titel »Das Licht von Drüben« gelesen. Dort schreibt er unter anderem über das Nahtoderlebnis einer siebzigjährigen Frau, die seit dem achtzehnten Lebensjahr blind war. Trotz ihrer Blindheit konnte sie ziemlich genau und anschaulich berichten, was um sie herum passierte, als die Ärzte sie nach einem Herzanfall reanimierten. Sie konnte nicht nur beschreiben, wie die angewendeten Instrumente aussahen, sondern sogar deren Farbe angeben. Das Erstaunliche an ihren Beschreibungen war, dass es die meisten dieser Instrumente noch gar nicht gab, als diese Frau vor über fünfzig Jahren das Augenlicht verlor. Und die Krönung war, dass sie sogar wusste, dass der Arzt einen blauen Anzug anhatte, als er mit der Reanimation begann."

„Das kann Zufall sein", werfe ich ein, „vielleicht hat die Frau ein Gespräch der Krankenschwestern oder des Arztes mitgehört."

Ohne sich von meiner Zwischenbemerkung beirren zu lassen, fragt mich mein Gegenüber: „Und wie würden Sie den folgenden Bericht

---

[1] **Raymond A. Moody** (*1944) ist ein amerikanischer Psychiater und Philosoph, der sich eingehend mit Forschungen um den Grenzbereich zwischen Leben und Tod auseinandersetzt.

interpretieren, den ich in einem Buch von einem gewissen Dr. Morse[2] gelesen habe. Dort wird von einer jungen Sozialpflegerin berichtet - ich glaube sie hieß Kim Clark, - die im Krankenhaus ein Beratungsgespräch mit einer reanimierten Herzpatientin führte.

Um die Patientin auf das Leben nach der Entlassung aus dem Krankenhaus vorzubereiten, erklärte ihr die Sozialpflegerin die psychischen Veränderungen, die auf viele Herzpatienten zukommen. Die Frau interessierte sich nicht im Geringsten dafür, was ihr die Sozialpflegerin zu sagen hatte. Stattdessen wollte sie darüber sprechen, wie sie durch das Krankenhaus geschwebt war, während die Ärzte um ihr Leben kämpften.

Um zu beweisen, dass sie ihren Körper wirklich verlassen hatte, behauptete sie felsenfest, dass ein Schuh auf dem Sims vor dem Bürofenster der Sozialpflegerin läge. Die Sozialpflegerin öffnete das Fenster, konnte aber den Schuh nicht entdecken. "Er liegt da draußen", beharrte die Patientin. Die Sozialpflegerin lehnte sich hinaus, fand aber immer noch keinen Schuh. "Hinter der Ecke!" erklärte die Frau genauer. Mutig kroch die Sozialpflegerin auf dem Sims des im fünften Stockwerk liegenden Fensters. Und tatsächlich lag - wie die Patientin gesagt hatte - der Schuh wirklich hinter der Ecke."

Etwas nachdenklich sage ich: „Nehmen wir einmal an, diese Dinge sind wirklich geschehen, dann würde ich sie lediglich als einen Beweis dafür gelten lassen, dass das menschliche Gehirn im Nahtodbereich über besondere Fähigkeiten verfügt. Bei diesen Leuten stand zwar das Herz still und ihr Gehirn litt an Sauerstoffmangel, aber letztendlich lebten sie noch. Wie ich schon sagte, bisher ist noch keiner zurückgekommen."

„Ein gutes Argument", bestätigt mir mein Gegenüber, „allerdings sind zahlreiche Fälle von Patienten dokumentiert, die ins Leben zurückgekehrt sind, nachdem der Herzstillstand länger als fünf Minuten gedauert hat, und es gab Fälle, wo ein angeschlossener EEG-Kurvenschreiber nur noch eine gerade Linie zeigte.

---

[2] Melvin Morse, Zum Licht, Zweitausendeins, S. 33/34

Ich muss aber zugeben, dass man bei einer sehr kritischen Betrachtung der Nahtoderlebnisse in Bezug auf das Leben nach dem Tod noch Restbedenken haben könnte."

Nach einer kleinen Pause fügt er dann noch hinzu: „Wenn Sie mögen, dann würde ich Ihnen gerne eine gut dokumentierte Anekdote aus dem Leben Emanuel Swedenborgs vorlesen, die meiner Meinung nach ein echter Beweis für das Leben nach dem Tod ist."

Mein Kopfnicken als Bejahung interpretierend, dreht er den Kopf zur Seite und sagt zu der neben ihm sitzenden recht hübschen Frau: „Sabrina, bist du so lieb und suchst mir mal aus der braunen Tasche das Buch »Emanuel Swedenborg, Leben und Lehre« heraus." Mit einem kurzen: „Klar Papa", steht sie auf, nimmt die Tasche von der Gepäckablage und gibt nach kurzem Suchen meinem Gesprächspartner das gewünschte Buch.

Nach kurzem Blättern im Buch scheint dieser die gesuchte Textstelle gefunden zu haben, denn er schaut mich einen Moment lang über seine Lesebrille an und sagt dann: „Es gibt von dem berühmten Philosophen Emanuel Kant einen Brief, den er an Charlotte von Knobloch geschrieben hat. Dort berichtet Kant von einem Ereignis, das ihn davon überzeugt hat, dass Swedenborg die Fähigkeit hatte, mit Verstorbenen in Kontakt zu treten.

Und zwar berichtet Kant dort von einer Witwe Harteville, die einige Zeit nach dem Tode ihres Mannes von einem Goldschmied angemahnt wurde, das Silberservice zu bezahlen, welches ihr Mann bei ihm hatte machen lassen. Die Witwe war zwar davon überzeugt, dass ihr verstorbener Mann viel zu genau und ordentlich gewesen war, als dass er diese Schuld nicht bezahlt hätte, doch sie konnte die Quittung nicht finden.

In ihrer Not bat sie Swedenborg zu sich. Nach einigen Entschuldigungen trug sie ihm vor, dass, wenn er die außerordentliche Gabe hätte, wie alle Menschen sagten, mit den abgeschiedenen Seelen zu reden, er die Güte haben möchte, bei ihrem Manne Erkundigungen einzuziehen, wie es mit der Forderung wegen des Silberservices stünde. Swedenborg war gar nicht abgeneigt, ihrem Ersuchen nachzukommen.

Drei Tage später hatte die Witwe eine Gesellschaft bei sich zum Kaffee. Herr von Swedenborg kam hin und gab ihr in seiner beherrschten Art die Nachricht, dass er ihren Mann gesprochen habe. Die Schuld war sieben Monate vor seinem Tode bezahlt worden, und die Quittung sei in einem Schrank, der sich im oberen Zimmer befände. Die Witwe erwiderte, dass dieser Schrank ganz ausgeräumt sei und dass man unter allen Papieren diese Quittung nicht gefunden hätte. Swedenborg sagte, ihr Gemahl hätte ihm beschrieben, dass, wenn man an der linken Seite eine Schublade herauszöge, ein Brett zum Vorschein käme, welches weggeschoben werden müsste, da sich dann eine verborgene Schublade finden würde, worin seine geheim gehaltene holländische Korrespondenz verwahrt würde, und auch die Quittung anzutreffen sei. Auf diese Anzeige begab sich die Witwe in Begleitung der ganzen Gesellschaft in das obere Zimmer. Man öffnete den Schrank und verfuhr ganz nach der Beschreibung und fand die Schublade, von der sie nichts gewusst hatte, und die angezeigten Papiere darinnen, zum größten Erstaunen aller, die gegenwärtig waren."[3]

An dieser Stelle klappt mein Gesprächspartner das Buch zu und schaut mich erwartungsvoll an.

Etwas nachdenklich sage ich: „Ich muss zugeben, eine wirklich sehr interessante Geschichte. - Wenn ich einmal davon ausgehe, dass das, was Sie mir da gerade vorgelesen haben, wirklich so stattgefunden hat, dann kann man die Möglichkeit, dass irgendetwas den Tod des Körpers überlebt, nicht ausschließen. Doch was soll das sein? Meines Wissens nach ist auf den Seziertischen dieser Welt noch keine Seele oder so etwas gefunden worden."

„Das stimmt", sagt mein Gegenüber, „auf den Seziertischen dieser Welt ist wirklich noch keine Seele gefunden worden, was allerdings

---

[3] Leben und Lehre, S. 91, Swedenborgverlag Zürich

auch nicht weiter verwunderlich ist, wenn man bedenkt, dass es ja einen Zusammenhang gibt, zwischen dem, was man sucht und dem, was man findet. Die Wissenschaftler haben stets nach etwas gesucht, was man zählen, wiegen, messen oder sonst wie mit irgendwelchen Messgeräten verifizieren kann. Das Problem ist nur, dass das, was man allgemein als Seele bezeichnet, geistiger Natur ist und von daher mit normalen Messmethoden kaum zu erfassen ist."

Nach einem kurzen Blick auf die am Fenster vorbeihuschende Landschaft sage ich: „Es mag ja sein, dass es an den Messmethoden der Wissenschaftler liegt, wenn sie bisher noch nichts gefunden haben, was den Menschen beim Sterben verlässt. Vielleicht liegt dies aber auch nur daran, dass das Bewusstsein des Menschen nur eine Funktion des Gehirns ist. Und wenn der Mensch stirbt, stirbt auch sein Geist."

„Dagegen sprechen die Ergebnisse der Hirnforschung", sagt mein Gesprächspartner, „einer der prägendsten Wissenschaftler in der Geschichte der Hirnforschung ist der amerikanische Neurochirurg Penfield[4], der aufgrund seiner jahrzehntelangen Forschungen zu der Überzeugung gelangt ist, dass der Geist des Menschen getrennt vom Gehirn existieren kann. Penfield, der jahrelang menschliche Gehirne bei vollem Bewusstsein der Patienten untersucht hatte und dem zahlreiche Kenntnisse des heutigen Wissensstandes über Hirnfunktionen zu verdanken sind, kam schließlich zu der Überzeugung[5], dass der Geist des Menschen getrennt von seinem Gehirn existiert.

Übrigens wird der Gedanke, dass der Geist des Menschen immaterieller Natur ist, auch durch die Erkenntnisse der Quantenphysik be-

---

[4] Wilder Graves Penfield, (1891 - 1976), war ein in den USA geborener Neurochirurg.
[5] „Auf die eine oder andere Art ist die Frage nach der Natur des Geistes ein elementares Problem, vielleicht das schwierigste und bedeutendste aller Probleme. Ich habe mein ganzes Leben als Wissenschaftler damit verbracht, zu erforschen, wie das Gehirn das Bewusstsein steuert. Nun muss ich in dieser abschließenden Zusammenfassung meiner Ergebnisse überrascht feststellen, dass die Hypothese des Dualismus (der Geist existiert getrennt vom Gehirn) die vernünftigere Erklärung ist." Zitat aus: The Mystery of the Mind: A Critical Study of Consciousness and the Human Brain, Princeton University Press, 1975

stätigt. Dazu würde ich ihnen gerne einen kurzen Text des Nobelpreisträgers für Physik Professor Max Planck[6] vorlesen, den ich in einem Manuskript über 'Das Wesen der Materie' gefunden habe."

Während ich seinen Vorschlag abnicke, sucht mein Gegenüber aus seiner Büchertasche eine Kladde heraus. Nach kurzem Blättern scheint er den richtigen Text gefunden zu haben, denn er schaut mich kurz an und sagt:

„In diesem Manuskript schrieb Max Planck folgendes: Als Physiker, als ein Mann, der sein ganzes Leben der nüchternen Wissenschaft der Erforschung der Materie gedient hat, bin ich sicher von dem Verdacht frei, für einen Schwarmgeist gehalten zu werden. Und so sage ich nach meinen Erfahrungen des Atoms Folgendes: Es gibt keine Materie an sich. Jegliche Materie entsteht und besteht einzig und allein durch eine Kraft, welche die Atomteilchen in Schwingung bringt, und sie zu dem winzigen Sonnensystem des Atoms zusammenhält. Da es im ganzen Weltall weder eine intelligente noch ewig abstrakte Kraft gibt, so müssen wir hinter dieser Kraft bewussten, intelligenten Geist annehmen.

Dieser Geist ist der Urgrund der Materie. Die sichtbare, aber vergängliche Materie ist nicht das Reale, Wahre, Wirkliche, denn diese Materie bestünde, wie wir es hier schon gesehen haben, ohne diesen Geist überhaupt nicht, sondern der unsichtbare, unsterbliche Geist ist das Wahre.
Weil es aber Geist an sich nicht geben kann, und jeder Geist einem Wesen zugehört, so müssen wir zwingend Geist-Wesen annehmen. Da aber auch Geist-Wesen nicht aus sich selbst sein können, sondern geschaffen sein müssen, so scheue ich mich daher nicht, diesen geheimnisvollen Schöpfer ebenso zu nennen, wie ihn alle Kulturvölker der Erde früherer Jahrtausende genannt haben: Gott.

Damit kommt der Physiker, der sich mit der Materie zu befassen hat, vom Reiche des Stoffes in das Reich des Geistes. Und damit ist un-

---

[6] Max Planck (*1858 ; † 1947) Nobelpreis für Physik

sere Aufgabe zu Ende, und wir müssen unser Forschen weitergeben in die Hände der Philosophie."

„Hmm" brumme ich in mich hinein, während ich diesen wirklich sinnreichen Text auf mich wirken lasse. Unterdessen blättert Sabrinas Vater in seiner Kladde, zieht ein Blatt heraus und führt weiter aus:

„Ich empfinde es als ausgesprochen interessant, dass ein Nobelpreisträger für Physik nicht nur die Existenz einer geistigen Welt, sondern auch die eines Gottes bestätigt. Das mag im ersten Moment etwas sonderbar erscheinen, aber gerade die Physiker, welche sich mit den Grundlagen der Materie beschäftigen, sind immer mehr bereit, eine geistige Welt anzuerkennen.

So antwortete der Physiker Hans-Peter Dürr[7] einmal auf die Frage: 'Was ist eigentlich Materie', wie folgt: Im Grunde gibt es Materie gar nicht. Jedenfalls nicht im geläufigen Sinne. Es gibt nur ein Beziehungsgefüge, ständigen Wandel, Lebendigkeit. Wir tun uns schwer, uns dies vorzustellen. Primär existiert nur Zusammenhang, das Verbindende ohne materielle Grundlage. Wir könnten es auch Geist nennen. Etwas, was wir nur spontan erleben und nicht greifen können. Materie und Energie treten erst sekundär in Erscheinung – gewissermaßen als geronnener, erstarrter Geist. Nach Albert Einstein ist Materie nur eine verdünnte Form der Energie. Ihr Untergrund jedoch ist nicht eine noch verfeinerte Energie, sondern etwas ganz Andersartiges, eben Lebendigkeit.[8]

So wie ich Hans-Peter Dürr verstehe," führt mein Gegenüber weiter aus, „besteht die Grundlage der Materie aus geronnenem, erstarrtem Geist. Materie würde ohne diesen Geist überhaupt nicht existieren, denn er ist der Urgrund der Materie. Die sichtbare, aber vergängliche Materie ist nicht das Reale, Wahre, Wirkliche, denn diese Materie

---

[7] Hans-Peter Emil Dürr (*1929 - † 2014) ist ein deutscher Physiker. Bis Herbst 1997 war Dürr Direktor am Max-Planck-Institut für Physik (Werner-Heisenberg-Institut) in München.
[8] Interview im P.M. Magazin (Mai 2007)

bestünde, wie bereits erwähnt, ohne diesen Geist überhaupt nicht, sondern der unsichtbare, unsterbliche Geist ist das Wahre.

Die von Einstein, Planck und Dürr geäußerten Gedanken stimmen letztendlich in den Chor vieler bekannter Physiker ein, welche sich für die Existenz eines jenseits von Raum und Zeit angesiedelten schöpferischen Gottes aussprechen. In diesem Zusammenhang möchte ich noch einen kurzen Gedanken von dem englischen Physiker und Astronom Eddington[9] anführen. Er sagte einmal:

‚Die moderne Physik führt uns notwendig zu Gott hin, nicht von ihm fort. -- Keiner der Erfinder des Atheismus war Naturwissenschaftler. Alle waren sie nur sehr mittelmäßige Philosophen.'

Von daher finde ich es nicht weiter verwunderlich, dass es die Physiker sind, die nach und nach zu der Erkenntnis gelangen, dass ein Gott, eine geistige Welt und dort lebende Geistwesen existieren. Unter diesen Geistwesen versteht Max Planck von Gott geschaffene, nichtmaterielle Wesen, die im allgemeinen Sprachgebrauch als Engel und Geister bezeichnet werden. Sie erhalten ihr Leben von Gott und existieren in einer Welt, die sich jenseits unserer sinnlichen Wahrnehmung befindet.

Inzwischen geht die Avantgarde unter den Physikern soweit, dass sie das Bewusstsein neben Raum, Zeit, Materie und Energie als eines der Grundelemente der Welt betrachten. So ist Hans-Peter Dürr davon überzeugt, dass die menschliche Seele nach dem Tod des Körpers weiterexistiert. Er sagt:

‚Das was wir Diesseits nennen, ist im Grunde die Schlacke, die Materie, also das, was greifbar ist. Das Jenseits ist alles Übrige, die umfassende Wirklichkeit, das viel Größere. Insofern ist unser gegenwärtiges Leben bereits vom Jenseits umfangen.'

Die Auffassung, dass unser gegenwärtiges Leben bereits vom Jenseits umfangen ist, ist ein starker Hinweis darauf, dass unsere Gedan-

---

[9] Sir Arthur Stanley Eddington (1882-1946) englischer Physiker und Astronom

ken nicht im Gehirn, sondern in der geistigen Welt entstehen. Der Verstand ist, wie auch der Wille, in der im Jenseits lebenden menschlichen Seele angesiedelt. Offensichtlich hat das Gehirn "nur" die Funktion zwischen dem Körper und der im Jenseits lebenden Seele den Informationsaustausch zu realisieren. Von daher hat das, was Neurowissenschaftler[10] mit ihren Apparaten messen nur bedingt etwas mit unseren Gedanken zu tun. Sie betrachten lediglich die beteiligten Gehirnregionen, welche für die Kommunikation zwischen dem im diesseits lebenden Körper und der im jenseits lebenden Seele notwendig sind. Es sieht zwar so aus, als wenn uns die Wissenschaftler beim Denken zusehen könnten, in Wirklichkeit ist es aber so, dass sie weder wissen, wie Denken funktioniert, noch können sie erkennen, welche Gedankeninhalte die beobachteten Gehirnaktionen haben.[11]

„Ich denke", fährt er fort, „diese Forschungsergebnisse decken sich ziemlich gut mit dem, was die Bibel, die Mystiker und eben auch Emanuel Swedenborg sagen."

Genau in dem Moment, als mein Gegenüber Luft holt, wird die Abteiltür schwungvoll geöffnet und eine etwas ältere, im aparten Bahndress gekleidete Frau erkundigt sich, ob vielleicht jemand im Abteil Kaffee, Tee oder ein kaltes Getränk haben möchte. Sehr dankbar für

---

[10] Als Neurowissenschaften werden die Forschungsbereiche von Medizin, Psychologie und Biologie bezeichnet und pauschal zusammengefasst, in denen – meist in Kooperation mit daran angrenzenden Wissenschaftsbereichen wie der Informationstechnik und Informatik bis zur Robotik – Aufbau und Funktionsweise von Nervensystemen untersucht werden. [Wikipedia]
[11] Ohne Zweifel ermöglichen technische Errungenschaften wie die bildgebenden Verfahren der Hirnforschung neue Einblicke in die neurobiologischen Vorgänge, die parallel (!) zum seelischen Erleben stattfinden. Doch schon hier öffnet sich ein tiefer Graben, denn die Zusammenhänge zwischen den objektivierbaren neurobiologischen Fakten und dem subjektiven Erleben sind alles andere als klar. Wie sonst kann es sein, dass bei Franziskanerinnen und buddhistischen Mönchen in tiefer Meditation zwar vergleichbare Gehirnströme gemessen wurden, ihr persönliches Erleben aber stark voneinander abwich? Während die Christinnen in der Meditation eine (personale) Begegnung erlebten, beschrieben die Zen-Mönche Leere und Gleichgültigkeit. Offensichtlich interpretiert das menschliche Bewusstsein die eigenen Gehirnaktivitäten ganz im Sinne der eigenen Vorerfahrungen. Auch dieses bekannte Experiment weist also auf die Notwendigkeit hin, in der Forschung nicht nur objektive Daten zu erheben, sondern auch das subjektive Erleben mit zu berücksichtigen.

dieses Angebot frage ich meine beiden Mitreisenden, ob ich sie zu einem Kaffee einladen darf.

Beide stimmen zu, und so bestelle ich bei der freundlichen Kaffeeverkäuferin drei Becher Kaffee, die auch prompt mit dem dazugehörigen Zucker und der Milch geliefert werden. Nachdem jeder von uns seinen Gedanken nachsinnend ein paar Schlucke genommen hat, sage ich zu meinem Gesprächspartner: „Sie haben heute schon mehrmals den Namen Swedenborg erwähnt, wer war das eigentlich?"

Mit den Worten: „Einen kleinen Moment bitte", nimmt er noch einmal das Buch »Leben und Lehre« zur Hand und blättert dort wichtig in den Seiten rum. Nach einiger Zeit scheint er das Richtige gefunden zu haben, denn er sagt: „Emanuel Swedberg war ein schwedischer Naturforscher und Visionär, der im Jahre 1688 als Sohn eines Bischofs in Stockholm geboren wurde. Als junger Mann begann er Naturwissenschaften zu studieren, wie z. B. Mathematik, Physik, Anatomie und Philosophie. Im Alter von etwa 28 Jahren wurde er zum außerordentlichen Assessor am königlichen Bergwerkskollegium ernannt, wo er sich durch viele bahnbrechende Erfindungen im Bergwerkswesen einen großen Namen gemacht hat.

Aufgrund seiner hervorragenden Leistungen im Bergwerkswesen wurden er und seine Familie im Jahr 1719 von Königin Ulrike Eleonore geadelt und hießen von nun an Swedenborg. Dadurch bekam er Sitz und Stimme im Herrenhaus, in dem er bis zu seinem Tode ein tätiges Mitglied war.

Bis zu seinem 55. Lebensjahr war er einer der fortschrittlichsten Wissenschaftler seiner Zeit, doch dann änderte sich sein Leben. Es begannen sich seine psychischen übernormalen Fähigkeiten, wie z. B. bedeutsame Träume, Verdoppelung des Ich, Ekstasen, Beginn des Hellhörens, Auftauchen von Visionen usw. zu entwickeln, was ihn vorübergehend in eine seelische Krise stürzte. Zwei Jahre später hatte er eine Christusvision, und seitdem stand er im regelmäßigen Kontakt mit der jenseitigen Welt. Durch seine vielen Begegnungen mit verstorbenen Menschen in der geistigen Welt konnte Swedenborg tiefe

Erkenntnisse über das Leben nach dem Tod gewinnen. Und dank seiner außerordentlichen wissenschaftlichen Begabung war es ihm möglich, diese Erfahrungen so zu systematisieren, dass er im Laufe von mehr als 20 Jahren eine große Anzahl von Büchern zu den unterschiedlichsten geistigen Themen schreiben konnte."

Auf sein Buch zeigend fügt er noch hinzu: „Auf diese Art und Weise ist auch dieses Buch hier mit dem Titel »Himmel und Hölle« entstanden."

„Wenn ich das jetzt richtig verstanden habe", sage ich nachdenklich aus dem Abteilfenster schauend, „dann war dieser Swedenborg vor über dreihundert Jahren ein bekannter Wissenschaftler, bei dem sich im Alter von 55 Jahren paranormale Fähigkeiten eingestellt haben, die es ihm ermöglichten, mit Verstorbenen zu reden."

„Genauso ist es", bestätigt mein Gegenüber.

„Okay", sage ich, „nachdem, was Sie mir alles erzählt haben, könnte man sich vorstellen, dass es vielleicht ein Weiterleben nach dem Tod gibt. Wenn wir jetzt einmal unterstellen, dass dieser Herr Swedenborg wirklich mit den Verstorbenen reden konnte, dann würde mich natürlich interessieren, wie denn das Leben nach dem Tod so ist. Trifft man dort Verwandte und Freunde wieder, und in welchem Teil des Universums befindet sich der Himmel und wo ist die Hölle?"

Mit leicht gekräuselter Stirn antwortet er: „Um diese schweren Fragen einigermaßen verständlich beantworten zu können, muss ich leider etwas weiter ausholen."

„Das macht nichts", falle ich ihm ins Wort, „wir haben ja noch ein paar Stunden Zeit, um uns über dieses interessante Thema zu unterhalten."

Ohne sich von meiner Zwischenbemerkung aus der Ruhe bringen zu lassen, fragt er mich ganz unverblümt: „Glauben Sie eigentlich an Gott?"

„Äh", sage ich um Zeit zu gewinnen, „ob ich an Gott glaube – eigentlich nicht, denn, wenn es einen Gott gäbe, dann würde es ja wohl kaum so viel Not und Leid auf dieser Welt geben. Wenn ich nur an die großen Naturkatastrophen in der Welt denke, wo Tausende von unschuldigen Menschen den Tod gefunden haben und noch viel mehr Menschen ihre Gesundheit, ihr Hab und Gut verloren haben, dann glaube ich nicht daran, dass es einen Gott gibt. Und selbst wenn es einen Gott geben sollte, dann scheint ihm das Schicksal der Menschheit ziemlich egal zu sein."

Nach dieser von mir doch recht massiv vorgetragenen Äußerung ergreift zum ersten Mal seine Tochter Sabrina das Wort und sagt: „Aber wenn du nicht an Gott glaubst, wo kommen denn deiner Meinung nach das Weltall mit seinen unzähligen Sternen und die Menschen auf dieser Erde her?"

„Ich habe in der Schule gelernt, dass das Universum durch den Urknall entstanden ist und der Mensch vom Affen abstammt", erwidere ich und füge dann noch hinzu, „daran scheint sich seit meiner Schulzeit nichts geändert zu haben, denn hin und wieder schaue ich mir im Fernsehen populärwissenschaftliche Sendungen an, in denen über diese Themen berichtet wird. Auch dort wird in anschaulichen Beispielen gezeigt, wie sich das Leben vom Einzeller bis zum Menschen entwickelt hat."

„Diese Art von Fernsehsendungen kenne ich auch", bestätigt Sabrina, „und natürlich habe auch ich in der Schule etwas über die Urknall- und der Evolutionstheorie gelernt, aber nachdem ich mich mit diesen Dingen etwas mehr beschäftigt habe, ist mir bewusst geworden, was das Wort »Theorie« eigentlich bedeutet. Die Urknalltheorie und die Evolutionstheorie sind nach meinem Empfinden auf Indizien aufgebaute Gedankenmosaike, denen so viele Wissenssteinchen fehlen, dass man sie nur mit sehr viel Glauben als wahr annehmen kann.

Ich für mein Teil mag jedenfalls nicht daran glauben, dass die Masse des gesamten Universums mit seinen unzähligen Galaxien, Sonnen, Planeten und Monden kurz nach dem angeblichen Urknall das Volumen von der Größe einer Erbse gehabt haben soll. Außerdem, woher soll die unendliche Menge an Energie gekommen sein, die sich vor dem Urknall zusammengeballt hat?"

„Genau", fällt ihr mein Gegenüber ins Wort, „bei Swedenborg gibt es das bekannte Zitat[12], dass aus Nichts nichts werden kann."

Ohne sich von der spontanen Zwischenbemerkung ihres Vaters beirren zu lassen, spricht sie ruhig weiter: „Und im Übrigen, wenn ich mir einmal die überaus zweckmäßige Ordnung im ganzen Universum anschaue, also wie z. B. die Planeten um ihre Sonnen und die Sonnen um den Mittelpunkt ihrer Galaxie ihre wohlberechneten Bahnen ziehen, dann kann ich mir beim besten Willen nicht vorstellen, dass dies alles das Produkt einer unvorstellbar großen und chaotischen Explosion gewesen sein soll. Und überhaupt, die ganzen physikalischen und chemischen Gesetzmäßigkeiten können doch nicht einfach so, ohne einen Gesetzgeber entstanden sein. Oder wie siehst du das?"

Uff, denke ich, da kommt mir doch diese Sabrina mit ganz schön schwerwiegenden Argumenten an und so sage ich, um etwas Zeit zu gewinnen: „Ich muss zugeben, dass ich mich nicht so intensiv mit diesem Thema auseinandergesetzt habe. Aber wenn doch diese Theorien so lange Zeit von Wissenschaftlern vertreten werden, dann werden sie ja wohl stimmen."

Worauf Sabrina lächelnd sagt: „Ach, weißt du, mit den Wissenschaftlern ist das so eine Sache. Ich denke du wurdest auch als Kind damit gequält Spinat essen zu müssen, weil er doch so viel Eisen enthält. Jahrzehntelang wurden Kinder mit der wissenschaftlich bewiesenen Tatsache konfrontiert, dass sie nur dann eisenharte Muskeln bekommen, wenn sie genug Spinat essen. Es ist noch gar nicht so lange her,

---

[12] Man sagt, die Welt in ihrem Inbegriff sei aus Nichts erschaffen, und von dem Nichts hat man die Vorstellung eines völligen Nichts, während doch aus dem völligen Nichts nichts wird, noch etwas werden kann. Dies ist eine ausgemachte Wahrheit, weshalb das Weltall, welches ein Bild Gottes, und daher voll Gottes ist, nur in Gott aus Gott erschaffen werden konnte; denn Gott ist das Sein selbst, und aus dem Sein muss das sein, das ist; aus dem Nichts, das nicht ist, erschaffen was ist, ist völlig widersprechend. [GLW 55]

dass andere Wissenschaftler festgestellt haben, dass der angeblich hohe Eisengehalt von Spinat auf einen Kommafehler[13] zurückzuführen ist, und somit zehnmal höher angegeben wurde, als er in Wirklichkeit ist. Fast einhundert Jahre lang hat niemand den wissenschaftlich 'bewiesenen' hohen Eisengehalt von Spinat in Frage gestellt.

Nicht viel anders ist es bei der Urknall- und Evolutionstheorie. Auch dort gibt es eine Unmenge von ungeklärten Widersprüchen, die in den populärwissenschaftlichen Fernsehsendungen keine Erwähnung finden."

„Hm", sage ich, „könntest du mir vielleicht für diese These ein Beispiel geben?"

„Nichts leichter als das", mischt sich mein Gegenüber ein, „du brauchst doch nur einmal an die komplexen Vorgänge zu denken, die notwendig sind, bis ein Gegenstand, den du mit deinen Augen siehst, im Gehirn zu einem für dich verständlichen Bild umgewandelt ist.

Oh, jetzt habe ich Sie geduzt."

„Das macht doch nichts", erwidere ich lächelnd und sage: „Mein Name ist Daniel". Und ich reiche beiden nacheinander die Hand, wobei sich herausstellt, dass mein Gegenüber Peter heißt.

Nachdem wir uns auf diese Art und Weise bekannt gemacht haben, sage ich, Peter anschauend: „Was hat denn nun das Auge mit den ungeklärten Widersprüchen in populärwissenschaftlichen Fernsehsendungen zu tun?"

Nach kurzem Nachdenken sagt Peter: „Die Evolutionstheorie geht ja davon aus, dass das Leben in der Form eines einzelligen Lebewesens

---

[13] Die falsche Annahme eines exzeptionell hohen Eisengehalts von Spinat ist vermutlich auf den Schweizer Wissenschaftler Gustav von Bunge zurückzuführen. Dieser hatte 1890 den Eisengehalt von 100 Gramm getrocknetem Spinat korrekt mit 35 Milligramm beziffert. Das Ergebnis wurde anschließend auf frischen Spinat übertragen, obwohl dieser je 100 Gramm aufgrund des hohen Wassergehalts nur rund ein Zehntel an Eisen enthält. Das Missverständnis war auch in der Ärzteschaft jahrzehntelang verbreitet [Wikipedia]

vor mehreren Hundertmillionen Jahren aus unbelebter Materie per Zufall ohne das Dazutun einer ordnenden Kraft entstanden ist. Diese Einzeller sollen sich über viele Millionen Jahre lang vermehrt haben bis es dann durch eine - von was auch immer verursachte - Mutation zu der Entstehung des ersten Zweizellers gekommen sein soll. Dieser vermehrte sich auch viele Millionen Jahre lang bis es durch eine Störung in der Erbsubstanz zu einer weiteren Mutation kam und dadurch ein weiteres mehrzelliges Lebewesen entstand. Dieser Vorgang soll sich in der Evolutionsgeschichte sehr häufig wiederholt haben, sodass sich im Laufe der Jahrmillionen das Leben aus unbelebter Materie zu den heute bekannten Pflanzen- und Tiergattungen einschließlich des Menschen entwickelt hat.

Einmal abgesehen davon, dass es bis heute noch keinem Menschen gelungen ist, aus unbelebter Materie auch nur einen Virus, geschweige denn eine lebende Zelle herzustellen, ist es auch noch nicht gelungen, schlüssig zu erklären, wie die Augen entstanden sein sollen.

Das Problem beim Auge besteht nämlich darin, dass es ja für das Lebewesen nur dann Sinn macht, Sehorgane zu besitzen, wenn sie zum einen einwandfrei funktionieren und zum anderen über entsprechende Datenübertragungskanäle mit dem Gehirn verbunden sind. Wobei es natürlich nicht ausreicht, die Augen über die Sehnerven mit dem Gehirn zu verbinden, denn wenn im Gehirn noch kein Sehzentrum vorhanden ist, dann können die von den Augen ausgehenden Signale nicht in das Bewusstsein des Lebewesens treten.

Wenn also ein Lebewesen, das noch nie etwas gesehen hat, dahin gehend mutiert, dass es plötzlich etwas sehen kann, dann müssten dafür die folgenden Grundvoraussetzungen erfüllt werden:

Es muss im Kopf des Lebewesens Platz für die Augen entstehen. Die Augen müssen komplett vorhanden sein, das heißt, sie müssen unter anderem eine Linse, einen Glaskörper und eine Netzhaut haben, wenn sie funktionieren sollen. Bei Landlebewesen müssen Augenlider und Tränendrüsen zum Schutz vor Staub und Austrocknung vorhanden sein.

Im Kopf des Lebewesens müssen die notwendigen Öffnungen im Schädelknochen vorhanden sein, damit der Sehnerv zum Gehirn gelangen kann.

Das Gehirn muss weitgehendst neu gestaltet werden, damit das Sehzentrum seinen Platz einnehmen kann.

Die Verknüpfungen der Nervenzellen im Gehirn müssen völlig neu strukturiert werden, damit das Gesehene auch sinnvoll vom Lebewesen genutzt werden kann.
Wenn ich mir jetzt noch überlege, wie viele Mutationen notwendig sind, damit die Augen ihre Aufgabe erfüllen können, dann kann ich nachempfinden, warum selbst Darwin ohne Umschweife zugab, dass das Auge nie und nimmer das Ergebnis einer planlosen Zufallsentwicklung sein kann[14]. Dazu kommt ja noch, dass solch ein komplexes Organ wie das Auge im Überlebenskampf ja nur dann Sinn macht, wenn sofort alle Teile da sind. Denn es wäre doch absolut nachteilig für das Lebewesen, wenn zwar das Auge da ist, aber z. B. noch kein Sehzentrum im Gehirn existiert."

„Ich hoffe", fügt Peter noch hinzu, „es ist mir gelungen, dir mit diesem kleinen Beispiel ein Gefühl dafür zu vermitteln, warum wir den Eindruck haben, dass die Medien die Frage nach der Entstehung des Lebens etwas einseitig behandeln."

„Na ja", sage ich, „ich muss zugeben, eure Bedenken bezüglich der Augen kann ich irgendwo nachempfinden, aber so ganz überzeugt habt ihr mich nicht. Gerade kürzlich habe ich mir eine Sendung im Fernsehen angeschaut, in der durch eine Trickfilmanimation gezeigt wurde, wie sich das Leben von den ersten aus dem Wasser entstiegenen Landbewohnern bis hin zum Menschen entwickelt hat. Ich kann euch sagen, dass diese Dokumentation sehr überzeugend war."

---

[14] Charles Darwin *The Origin of Species* (Der Ursprung der Arten), 1859, S. 186

Kaum habe ich meinen Satz beendet, fragt mich Sabrina: „Wurden in diesem Film auch die »missing links« erwähnt?"

„Was für »missing links«?", frage ich zurück.

„Das ist leider typisch für diese Fernsehmacher", wirft Peter mit leicht gerunzelter Stirn ein, „um es für den Zuschauer möglichst einfach zu gestalten, werden immer sehr gern die fehlenden Zwischenglieder verschwiegen."

Etwas hilflos sage ich: „Vielleicht möchte mich ja einer von euch darüber aufklären, was es mit diesen »missing links« auf sich hat."

„Missing link", sagt Peter, „heißt auf Deutsch so viel wie fehlendes Kettenglied. Mit diesem Begriff werden in der Evolutionstheorie die fehlenden Zwischenglieder oder Übergangsformen zwischen den Arten bezeichnet.

Nach dieser Theorie sollen ja die Mutationen schrittweise stattgefunden haben, was zur Folge hätte, dass es eine große Menge an fossilen Zwischenstufen geben müsste, die uns zeigen, wie sich z. B. die Lebewesen vom Reptil zum Säugetier entwickelt haben. Leider haben die Wissenschaftler bisher bei archäologischen Ausgrabungen keine Fossilien gefunden, die als Beweis für größere evolutionäre Übergänge von Reptilien zu Säugetieren gelten könnten.

In der Ausgrabungspraxis sieht es so aus, dass die Archäologen zwischen den Erdschichten, die die verschiedenen Erdzeitalter repräsentieren, keine Zwischenstufen finden. Es ist vielmehr so, dass von Erdzeitalter zu Erdzeitalter bestimmte Tier- und Pflanzenformen aussterben und völlig neue Lebensformen in das Dasein treten, ohne dass irgendwelche Zwischenformen nachweisbar sind."

Und nach einer kurzen Atempause fügt er noch hinzu: „Aus der Tatsache heraus, dass es einen unglaublichen Mangel an Zwischenstufen gibt, ist es für mich völlig unverständlich, wie die Fernsehleute mit gutem Gewissen solche Filme zeigen können."

Für einige Sekunden herrscht gespanntes Schweigen im Abteil. Es ist, als würden die letzten Worte von Peter noch im Raum nachschwingen.

Die nur von dem monotonen Fahrgeräusch untermalte Stille nutze ich, um kurz über die Ausführungen der beiden nachzudenken. Und da ich mich ihren berechtigten Argumenten nicht ganz entziehen kann, sage ich: „Ich muss zugeben, dass die von euch angeführten Argumente bezüglich der Evolutionstheorie nicht so ohne Weiteres von der Hand zu weisen sind.

Wenn eure berechtigten Zweifel an der Urknall- und Evolutionstheorie stimmen, dann stellt sich für mich die Frage, wie sind denn dann das Universum und das Leben auf unserer Erde entstanden?"

Sagt Peter: „Genau diese Frage habe ich mir auch gestellt, als mir bewusst wurde, dass die üblichen Antworten auf diese fundamentalen Fragen mit unglaublich vielen Irrtümern und Fehlern behaftet sind.

Wahrscheinlich wäre ich an diesen Fragen verzweifelt, wenn mir nicht 'zufällig' das Buch »Göttliche Liebe und Weisheit« von Emanuel Swedenborg in die Hände gefallen wäre. Dort setzt sich Swedenborg unter anderem auch mit der Schöpfung des Weltalls und des Menschen auseinander. Die Antworten, die er gefunden hat, sind für mich so tief gehend und umfassend, dass ich dadurch ein völlig neues Verhältnis zu Gott und zur Religion gefunden habe."

„Du musst nämlich wissen", fügt er noch hinzu, „ich war früher ein überzeugter Atheist, der heiße Diskussionen mit Menschen aus unterschiedlichsten Glaubensgemeinschaften geführt hat, nur um sie davon zu überzeugen, dass es keinen Gott gibt. Zum Glück", sagt er lächelnd, „meist ohne jeglichen Erfolg. Je mehr ich mich allerdings mit den wissenschaftlichen Erklärungsmodellen in Bezug auf die Entstehung des Universums und des Lebens auf unserer Erde beschäftigt habe, umso klarer wurde mir, dass es einen Schöpfergott geben muss, durch den all das erschaffen wurde, was wir mit unseren Sinnen erfahren können."

„Mit anderen Worten", sage ich verschmitzt, „du bist von den Atheisten zu den Christen übergelaufen."

„So kann man es auch ausdrücken", bestätigt mir Peter schmunzelnd.

„Und du Sabrina", sage ich, „glaubst du auch an Gott?"

Mit einem einfachen: „Ja" bestätigt sie meine Frage und führt dann mit strahlenden Augen weiter aus: „Ich kann mir ein Leben ohne Jesus gar nicht mehr vorstellen. Seitdem ich Ihn kennen, schätzen und lieben gelernt habe, hat sich mein Leben völlig verändert. Ich bin ruhiger, gelassener und friedlicher geworden. Du musst nämlich wissen, dass ich früher ein ziemlicher Rebell gewesen bin, mein Vater könnte dir da sicherlich die eine oder andere Geschichte erzählen."

Ein kurzer Blick zum kopfnickenden Peter zeigt mir, dass er in der Vergangenheit wohl so einiges mit Sabrina auszustehen hatte.

„Okay", sage ich zu Sabrina, „nachdem ihr zum einen meine bisherigen Begründungen für die Entstehung des Universums und des Lebens ein wenig erschüttert habt und zum anderen von der Existenz eines Gottes überzeugt seid, erzähl mir doch bitte etwas von deinem Gott. Wo ist er, wie sieht er aus und woraus hat er das Universum geschaffen?"

„Ich denke", erwidert sie, „dass dir mein Vater diese Fragen wahrscheinlich viel besser beantworten kann als ich. Allerdings spüre ich bei dir negative Schwingungen, was den Glauben an die Existenz eines Gottes angeht. Darum würde ich dir gerne ein kurzes Zitat aus einem Text vorlesen, den ich mir kürzlich aus dem Internet runtergeladen habe."

Meinen fragenden Gesichtsausdruck als Zustimmung auffassend beginnt Sabrina aus den unendlichen Tiefen ihrer Handtasche ein paar zusammengefaltete Blätter herauszusuchen und sagt dann nach kurzem Sortieren: „Da schreibt ein gewisser Dr. Horstmann:

‚Es ist logisch, d. h. folgerichtig, an Gott zu glauben. Alles Seiende muss seinen Urgrund haben. Wie es keine Uhr ohne Uhrmacher, kein Werk der Kunst ohne den Geist und die Hand eines gestaltenden Künstlers gibt, so müssen wir auch - folgerichtig rückwärtsschreitend - für das Weltganze zu einem 'letzten' und 'ersten' Welturgrund gelangen, zu einer alles bewirkenden, aber selber unbewirkten Welturschache, und diese kann ihrerseits - angesichts der geradezu großartigen Allgewalt, Gesetzmäßigkeit, Schönheit und Zielstrebigkeit des Naturlebens - nur als ein schaffender Geist voller Weisheit und Allmacht gedacht werden, also als personhaft lebendiger, schöpferischer Weltbegründer. Man kann sich dem logisch einfach nicht entziehen oder, wie sich ein moderner Mediziner einmal ausdrückte: ‚Mein wissenschaftliches Gewissen verbietet mir das >NichtanGottglauben<'.

Ich finde den Gedanken sehr einleuchtend", führt Sabrina weiter aus, „wenn in diesem Artikel darauf aufmerksam gemacht wird, dass diese geradezu großartige Allgewalt, Gesetzmäßigkeit, Schönheit und Zielstrebigkeit in der Natur nur von einem schöpferischen Geist voller Weisheit und Allmacht erschaffen und erhalten werden kann. Ich nenne diesen lebendigen und schöpferischen Weltbegründer Gott."

Nach einer kurzen Denkpause, die ich mit ausführlichem Kratzen meines Hinterkopfes überbrücke, sage ich zu Sabrina: „Ich muss zugeben, dass dein Zitat nicht so ganz von der Hand zu weisen ist von daher würde ich ganz gerne von euch erfahren, was es mit eurem Gott auf sich hat."

Mich Peter zuwendend sage ich. „Wenn du magst, dann erzähl mir doch bitte etwas über euren Gott!"

„Ich möchte vorausschicken", sagt Peter, „dass wir an den lebendigen Gott der Bibel glauben, der niemals aufgehört hat, sich den Menschen durch Propheten und Mystiker zu offenbaren. Und so sind die Grundlagen unseres Glaubens die Bibel und die göttlich inspirierten Schriften Swedenborgs."

Nach einem kurzen Augenblick der Sammlung fährt er fort:

„Gott ist ein alles umfassender Geist, in dem und durch den alles erschaffen ist, was irgendwo in der weiten Schöpfung existiert. Der Jesusjünger Johannes formulierte dies in seinem Evangelium einmal so:

‚Im Anfang war das Wort, und das Wort war bei Gott, und Gott war das Wort.
Dasselbe war im Anfang bei Gott.
Alle Dinge sind durch dasselbe gemacht, und ohne dasselbe ist nichts gemacht, was gemacht ist.'[15]

Nach meinem Verständnis will Johannes mit diesen Worten einerseits zum Ausdruck bringen, dass es im gesamten Universum nicht ein Ding gibt, was nicht durch den einen Schöpfergott erschaffen wurde, und zum anderen will er uns damit sagen, dass dieser eine Gott reiner Geist ist und sich somit unserer auf fünf Sinne begrenzten Erfahrbarkeit entzieht. Von daher kann man Gott nicht unmittelbar sehen, fühlen, riechen, hören oder schmecken, man kann ihn aber in der natürlichen Welt durch Seine Schöpfung mittelbar erfahren."

„Wie, durch Seine Schöpfung erfahren?", unterbreche ich Peter in seinem Redefluss.

„Na ja", sagt Peter, „es ja nicht gerade selbstverständlich, dass es im unendlichen Weltenraum eine Galaxie gibt, in der unser Sonnensystem seine weiten Bahnen ziehen kann. Für mich jedenfalls ist es unvorstellbar, dass die um unsere Sonne kreisende Erde mit ihren Bergen und Tälern, ihren Ozeanen und der schier unerschöpflich scheinenden Flora und Fauna aus dem Nichts entstanden sein soll.

---

[15] Johannes. 1,1-3

Die Tatsache, dass es dieses Universum gibt, ist für mich Beweis genug dafür, dass es einen Gott geben muss, der als Geist jenseits der materiellen Welt existiert. Denn um all diese komplexen Strukturen hervorbringen zu können, muss doch irgendjemand zum einen die notwendigen Substanzen zur Erschaffung des Universums bereitstellen und zum anderen muss derjenige diese Substanzen mit solchen Eigenschaften versehen, dass daraus die materielle Schöpfung mit ihrer unglaublichen Lebensvielfalt hervorgerufen werden konnte."

„Ich verstehe", sage ich, „du willst damit zum Ausdruck bringen, dass die ungeheuren Mengen von Materie irgendwo herkommen müssen und dass es eine schöpferische Kraft geben muss, die diese Materie so zusammengefügt hat, dass daraus Galaxien, Sonnen, Erdkörper und letztendlich Menschen entstehen konnten."

„Genau", bestätigt Peter, „so wie kein Töpfer ohne die Substanz Ton kunstvoll verzierte Krüge herstellen kann, so kann auch kein Gott ohne entsprechende Substanzen irgendwelche Schöpfungen in das Dasein stellen, denn es ist eine ausgemachte Tatsache, dass niemand, selbst Gott nicht, irgendetwas etwas aus Nichts erschaffen kann."

Mit einer Handbewegung auf das ganze Abteil zeigend, führt Peter weiter aus: „Wenn ich mich allerdings hier so umschaue, dann hat Gott ganz offensichtlich einen Weg gefunden, das Problem der fehlenden Substanzen zu lösen.

Eine mögliche Antwort auf die Frage, woraus Gott die Substanzen für Seine Schöpfung erschaffen hat, findet sich in dem Werk »Göttliche Liebe und Weisheit« von Emanuel Swedenborg. Dort hat sich Swedenborg ziemlich ausführlich mit der Frage nach der Herkunft aller existierenden Substanzen beschäftigt. Dabei ist er zu der Erkenntnis gelangt, dass die Substanzen, aus denen alles in der gesamten Schöpfung gemacht ist, letztendlich aus vom göttlichen Willen fixierten Gedanken und Ideen bestehen."

„Äh, einen Moment mal bitte", falle ich ihm ins Wort, „habe ich dich jetzt richtig verstanden? Meinst du wirklich, dass alles, was ich hier in diesem Abteil sehen und anfassen kann, nur Gedanken Gottes sind? Seit wann kann man denn Gedanken sehen, riechen, schmecken und berühren? Ich glaube, jetzt willst du mich aber ein wenig auf dem Arm nehmen."

Ohne sich von meinem etwas heftig vorgetragenen Einwand irritieren zu lassen, sagt Peter augenzwinkernd: „Ganz bestimmt nicht, dazu bist du mir viel zu schwer. Aber mal Scherz beiseite, vorhin habe ich ja den Hans-Peter Dürr zitiert, der ja die Meinung vertrat, dass Materie und Energie gewisser Art geronnener Geist ist. Von daher ist die Materie, wie wir sie mit unseren fünf Sinnen wahrnehmen, letztendlich nur eine Illusion, die darauf basiert, dass unsere Sinnesorgane ein für sie jeweils spezifisches Minimum an Materie benötigen, um reagieren zu können.

Das Auge z. B. benötigt eine Mindestmenge an Licht und eine Mindestgröße an Materie, um etwas erkennen zu können. Die Nase benötigt eine Mindestmenge an in der Luft schwebender Materie, um etwas riechen zu können und der Tastsinn benötigt eine Mindesttiefe, um den Kratzer auf der Glasplatte spüren zu können. Mit anderen Worten: Die Signale unserer Sinne treten nur dann in unser Bewusstsein, wenn sie einen materiellen Mindestreiz erhalten, durch den sie zum Aussenden von elektrischen Nervenimpulsen angeregt werden."

Mit einem fragenden Blick auf mich gerichtet, fährt er fort:
„Dennoch wird wohl niemand die Tatsache infrage stellen, dass es Materieteilchen, ja sogar Lebewesen gibt, die so klein sind, dass wir sie mit unseren Sinnesorganen nicht wahrnehmen können."

Scheinbar fasst Peter mein Kopfnicken als Zustimmung auf, denn ohne seinen Redefluss zu unterbrechen, sagt er: „Erst wenn wir unsere Sinnesorgane mit den entsprechenden Hilfsmitteln, wie z. B. einem Mikroskop versehen, können wir in Dimensionen vordringen, die wir mit bloßem Auge niemals gesehen hätten. Und so ist es mit den heutigen technischen Geräten (Rastertunnelmikroskop) durchaus möglich, Materieteilchen in der Größe eines Atoms sichtbar zu machen.

In früheren Zeiten dachte man, dass ein Atom das kleinste unzerstörbare Teil sei, in das man einen Körper zerlegen kann. Dank der modernen Physik weiß man, dass dem nicht so ist. Das scheinbar so feste Atom erweist sich bei genauerer Betrachtung als ein ziemlich leerer Raum, in dessen Mitte sich ein aus Protonen und Neutronen bestehender Atomkern befindet, um den in einem gehörigen Abstand Elektronen in einer unglaublichen Geschwindigkeit rasen.

Nach dem heutigen Erkenntnisstand geht die Wissenschaft davon aus, dass die einzelnen Atomteilchen aus noch kleineren Elementarteilchen bestehen und diese wiederum sind letztendlich nichts anderes als Energiewirbel, die dank ihrer elektromagnetischen Kräfte mit anderen Energiewirbeln in Wechselwirkung stehen.

Wenn man diesen Gedanken einmal weiter spinnt, dann löst sich die als so fest und real erscheinende Materie in ein riesiges unglaublich komplexes und völlig unüberschaubares Gewirr von kleinsten miteinander verwobenen Energiemengen auf, deren Existenz sich unseren Sinnesorganen völlig entzieht. Würden sich die Wissenschaftler nicht immer ausgeklügeltere Messmethoden einfallen lassen, dann wüssten wir gar nichts davon, dass all das, was wir hier in diesem Abteil mit unseren Sinnesorganen wahrnehmen, im Grunde genommen aus unendlich vielen Energiewirbeln besteht, die man weder sehen, riechen, schmecken, noch berühren kann."

Mit einem leicht angespannten Gesichtsausdruck beendet Peter seine doch recht komplexen Ausführungen und schaut mich aufmerksam an. Schnell legt sich eine durch das Fahrgeräusch des Zuges untermalte Stille über das Abteil und ich lasse das soeben Gehörte auf mich wirken.

Während ich über die Worte von Peter nachdenke, schreckt mich plötzlich die Stimme von Sabrina aus meinen Gedanken.

„Ich muss ehrlich zugeben", sagt sie, „dass ich mir das mit den Energiewirbeln und so nicht wirklich vorstellen kann.

Aber spannend finde ich den Gedanken schon, dass sich alles, was wir durch unsere fünf Sinne erfahren können, bei genauerer Betrachtung in ein nicht nachvollziehbares Gewirr von elektromagnetischen Schwingungen auflöst." Und auf ihre Hand schauend sagt sie: „Irgendwie ist der Gedanke fast schon ein wenig gruselig, dass der lackierte Fingernagel meines kleinen Fingers nur aus einem leeren Raum besteht, in dem ganz viele aus Energiewirbeln bestehende subatomare Teilchen mit einer wahnsinnig großen Geschwindigkeit ihre Bahnen ziehen."

Mit einem leichten Kopfschütteln bricht sie ihre Ausführungen ab und scheint sich irgendwo in den Tiefen ihres Fingernagels zu verlieren. Und so nutzt jeder von uns den Moment der Ruhe, um seinen Gedanken nachzugehen.

Bei dem Versuch, Klarheit darüber zu gewinnen, was denn nun die Energie als Grundlage der Materie mit den Gedanken Gottes zu tun haben soll, werde ich ziemlich unsanft von dem lauten Getöse eines auf dem Nachbargleis vorbeirauschenden Güterzuges aus meinen Überlegungen herausgerissen. Offensichtlich geht es den anderen ebenso, denn sie sehen genauso verschreckt aus, wie ich mich fühle. Lächelnd sage ich zu den beiden: „Wenn ich ehrlich sein soll, dann finde ich den Aspekt, dass sich die Materie bei genauerer Betrachtung in reine Energie auflöst, sehr spannend. Die Frage, die sich mir dabei stellt, ist nun: Was hat der Umstand, dass Materie scheinbar nur eine Sonderform von Energie ist, mit den Gedanken Gottes zu tun?"

„Eine gute Frage", bestätigt Peter stirnrunzelnd und führt dann weiter aus: „Ich möchte versuchen dir anhand eines Beispiels zu verdeutlichen, wie ich mir den Zusammenhang zwischen den Gedanken Gottes und der durch sie erzeugten Energie, erkläre."

Nachdem er tief eingeatmet hat, fährt Peter fort: „Dass Gedanken Energie erzeugen können, möchte ich dir gerne an einem Gedankenexperiment verdeutlichen. - Stell dir vor, du liegst in einem bequemen Bett und an deinem Kopf sind die Elektroden eines EEG-Schreibers angebracht, der deine Hirnströme aufzeichnet. Du schläfst ein und träumst davon, dass du auf einer wunderschönen Almwiese stehst. Um dich herum siehst du in majestätischer Ruhe hohe Berge stehen, deren Gipfel mit Schnee bedeckt sind. Die Sonne lugt vorsichtig über den Bergkamm und ein warmer Sommerwind lässt das saftige Gras der Wiese leicht hin und her wiegen. Plötzlich bemerkst du, wie sich vor dir aus der auf der Alm weidenden Rinderherde ein wütend schnaufender Stier löst und mit zunehmender Geschwindigkeit auf dich zurast.

Der Schreck und die Angst, die du in diesem Moment erfährst, lässt dir den Angstschweiß auf die Stirn treten und du bist wie gelähmt. Du möchtest weglaufen, aber in deiner Bewegungsunfähigkeit musst du zusehen, wie der wütende Stier immer näher und näher kommt. Kurz bevor dich der Stier überrennt, wachst du schweißgebadet auf und bist innerlich total aufgewühlt.

Nachdem du dich ein wenig beruhigt hast, siehst du auf den EEG-Schreiber und kannst dir die von ihm aufgezeichneten Kurven anschauen. Dabei würdest du bemerken, dass der aus deinen Gedanken bestehende Traum genug Energie erzeugt hat, um auf dem Schreiber ziemlich aufgeregte Kurven zu produzieren."

Nach einer kleinen Kunstpause führt Peter weiter aus: „Natürlich bin ich mir bewusst, dass dieses Beispiel ein wenig hinkt, aber es lässt meiner Meinung nach recht gut nachempfinden, dass es einen Zusammenhang zwischen deinen Gedanken und der Energie gibt, die den EEG-Schreiber zum Ausschlagen gebracht hat. Wenn die Aussagen Swedenborgs und des vorhin erwähnten Hirnforschers Penfield stimmen, dass der Geist des Menschen von seinem Gehirn getrennt existiert, dann hat dein von der Materie unabhängiger Geist ein Feuerwerk messbarer Energien in deinem Gehirn ausgelöst. Energien, die sich auch in den Reaktionen deines Körpers, z. B. in der Form von Angstschweiß, bemerkbar gemacht haben.

Dieses Gedankenexperiment zeigt mir, dass es zwischen den Gedanken des Menschen und den messbaren Energieströmen in seinem Gehirn einen unmittelbaren Zusammenhang geben muss."

Mit diesen Worten lehnt sich mein Gegenüber zurück und schaut mich erwartungsvoll an.

„Okay", murmle ich laut denkend, „der vom Körper unabhängige Geist hat dafür gesorgt, dass während des Traumes im Gehirn elektrische Impulse freigesetzt wurden. Was aber hat die Zunahme von Energie in meinem Kopf mit den Substanzen zu tun, welche angeblich aus den Gedanken Gottes gebildet werden?" Mich Sabrina zuwendend sage ich: „Sabrina, kannst du mir vielleicht den vermeintlichen Zusammenhang zwischen den Gedanken Gottes und den Substanzen erklären, aus denen die Welt besteht?"

„Ich glaube nicht wirklich", sagt Sabrina und fährt dann fort, „denn für mein Leben und meine Liebe zu Gott spielen solche supertheoretischen Fragen keine große Rolle. Für mich reduziert sich die Antwort auf deine Frage auf die Worte Swedenborgs: ‚Wir sind, weil Gott ist[16]'. Mit diesen Worten drückt Swedenborg nach meinem Empfinden eigentlich alles aus, was ich über diese superkomplizierten Dinge weiß. Denn wenn sich Gott nicht entschlossen hätte, schöpferisch tätig zu werden, hätte Er aus Seiner Liebe und Weisheit nicht die Substanzen gebildet, aus denen die gesamte Schöpfung besteht. Und ohne diese Substanzen gäbe es keine Sonne, keine Erde, es gäbe weder Pflanzen noch Tiere und es gäbe auch keine Menschen.

Mir persönlich reicht es völlig aus, wenn ich weiß, dass alle Informationen, die wir mit unseren fünf Sinnen aufnehmen, letztendlich ‘nur' Gedanken Gottes sind. Die Menschen auf dieser Erde leben nur deshalb, weil Gott in Seinem klarsten Selbstbewusstsein in jedem Augenblick ihres Seins an sie denkt. Würde Er nur den Bruchteil einer Sekunde nicht an mich denken, würde ich augenblicklich zu existieren aufhören."

---

[16] Ferner, dass Gott das Universum und alles in demselben aus Sich Selbst und nicht aus Nichts geschaffen habe, woraus folgt, dass alles Geschaffene, und insbesondere der Mensch, und in ihm die Liebe und Weisheit, ein Etwas sind, und nicht bloß die Vorstellung, dass sie seien; denn wenn Gott nicht der Unendliche wäre, so wäre das Endliche nicht; wenn ferner das Unendliche nicht Alles wäre, so wäre Nichts; und wenn Gott nicht aus Sich Selbst Alles geschaffen hätte, so würde nichts oder ein Nichts sein; mit einem Worte: wir sind, weil Gott ist. [Swedenborg, Göttliche Vorsehung, Kap. 46]

„Was wir aber nicht hoffen wollen", werfe ich augenzwinkernd ein.

Mit dem Anflug eines Lächelns sagt Sabrina ein wenig aufgeregt: „Das ist ja das unglaublich Geniale an Gott. Er, der ewig und unendlich ist, durch dessen Gedankenkraft die gesamte Schöpfung entsteht und besteht, dieser Gott, nimmt sich sozusagen die Zeit, um an jeden einzelnen Menschen zu denken und ihn sogar auf seinem Lebensweg zu begleiten. Aus der Bibel kann man erfahren, dass wir uns jederzeit im Gebet an Ihn wenden dürfen und aus eigener Erfahrung weiß ich, dass man auf Seine Hilfe meist nicht lange warten muss. Nicht umsonst heißt es ja in der Bibel bei Matthäus 11,28: ‚Kommet her zu mir alle, die ihr mühselig und beladen seid; ich will euch erquicken.'

Für mich ist es viel wichtiger, ein enges und persönliches Verhältnis zu Jesus aufzubauen als jedes kleine Detailgeheimnis der göttlichen Schöpfung zu verstehen. Zumal es ja ohnehin so ist, dass die eigentlichen Ursachen der Schöpfung laut Swedenborg jenseits von Raum und Zeit begründet liegen. Und um ehrlich zu sein, mir fällt es unheimlich schwer, Raum und Zeit aus meinem Denken zu verbannen. Von daher versuche ich lieber, das, was ich in den geistigen Büchern lese und als für mich wichtig empfinde, so in mein Leben zu integrieren, dass ich mit mir selbst und im täglichen Umgang mit meinen Mitmenschen besser klar komme. Für mich ist es einfach wichtig, den Rat von Jesus umzusetzen, Gott über alles und meinen Nächsten wie mich selbst zu lieben. Womit ich nicht gesagt haben will, dass die Beschäftigung mit diesen hochtheoretischen Fragen schlecht oder falsch ist, für mich ist das einfach nur nicht so wichtig."

Hier beendet Sabrina ihre Ausführungen und schaut mich lächelnd an.

„Also, wenn ich dich richtig verstanden habe", sage ich etwas zögerlich zu Sabrina, „dann bist du mehr ein praktischer Mensch, für den der Glaube an Gott so eine Art Lebenshilfe ist, durch den du deinen Alltag irgendwie besser in den Griff bekommst."

„Das könnte man so sehen", bestätigt mir Sabrina, „was aber nicht bedeutet, dass mein Leben dadurch einfacher geworden ist. Ganz im

Gegenteil, seit Jesus in meinem Leben eine wichtige Rolle spielt, achte ich viel mehr darauf, wie ich mit mir, der Umwelt und meinen Mitmenschen umgehe. Im Gegensatz zu früher bemühe ich mich heute um Selbsterkenntnis, denn nur, wenn ich die inneren Beweggründe für mein Denken und Handeln kenne, kann ich mein Leben im positiven Sinne verändern.

Trotzdem interessiert es mich natürlich auch, welche innergöttlichen Vorgänge dazu geführt haben, dass es eine Schöpfung gibt. Aber wie gesagt, diese jenseits von Raum und Zeit liegenden Dinge sind für mich so komplex, dass ich sie meist nicht wirklich verstehe. Da kann dir wahrscheinlich mein Vater wesentlich mehr sagen."

„Ich denke, ich verstehe was du meinst", sage ich freundlich lächelnd zu Sabrina und wende mich ihrem Vater mit den Worten zu:

„Du Peter, was meint Sabrina damit, wenn sie von der Schwierigkeit in Bezug auf Raum und Zeit redet?"

„Nun", sagt Peter zögerlich, „mit dem Raum und der Zeit ist das so eine Sache. Denn Raum und Zeit existieren nur in der materiellen Welt, während es in der geistigen Welt weder Raum noch Zeit gibt."

„Äh, Moment bitte", unterbreche ich ihn, „willst du damit sagen, dass es Zeit und Raum erst seit der Entstehung von Materie gibt?!"

„Nach meinem Erkenntnisstand", sagt Peter, „ist sich die heutige Naturwissenschaft mit Emanuel Swedenborg darin einig, dass es den Raum und die Zeit tatsächlich erst seit der Entstehung von Materie gibt. Erst seitdem sich atomare Teilchen zu Atomen, Molekülen, ganzen Sonnen und Sternenhaufen zusammengefunden haben, ist eine Daseinsebene entstanden, die eine räumliche Ausdehnung und die Zeit kennt. Ohne Materie gäbe es keine dreidimensionalen Räume und auch keine Zeit.

Der Grund dafür, dass Raum und Zeit einander bedingen, liegt darin begründet, dass ohne die Zeit keine Bewegung möglich wäre und die Bewegung eine Grundvoraussetzung des Raumes und der Materie ist.

Denk nur einmal daran, mit welch einer immensen Geschwindigkeit die Elektronen um ihren Atomkern flitzen und dadurch das Volumen des Atoms bilden. Erst durch die Verbindung großer Mengen von schwingenden Atomen erreicht die Materie eine Konsistenz, die unserer sinnlichen Erfahrung zugänglich wird. Und weil wir unser Leben lang mit unseren fünf Sinnen Materie fühlen, riechen, schmecken, hören und sehen können, erleben wir den Raum und die Zeit als reale Größen."

„Okay", sage ich, „das leuchtet mir soweit ein, aber würde denn der Raum nicht auch existieren, wenn es keine Zeit gäbe?"

„Na ja", sagt Peter, „wenn es keine Zeit gäbe, könnten wir uns nicht durch den Raum bewegen, um ihn uns anzusehen, noch nicht einmal unsere Augen bewegen, da ja jede Bewegung das Vorhandensein der Zeit erfordert. Man könnte also auch sagen: Gäbe es keine Zeit, so wäre ein Raum für uns nicht existent, da wir ihn nicht wahrnehmen könnten - auf welche Weise auch immer. Das Gleiche gilt natürlich auch für die Materie im Allgemeinen. Gäbe es keine Zeit, könnten keine elektromagnetischen Schwingungen die subatomaren Teilchen bilden, die die Grundlage der Atome und somit der gesamten Materie darstellen. Daraus folgt für mich, dass es ohne die Zeit keinen Raum gäbe.

Andersherum verhält es sich ebenso, ohne den Raum gäbe es keine Zeit. Denn Zeit ist unmittelbar mit Bewegung verbunden, und wenn sich im Weltenraum die Erde nicht um die Sonne bewegen würde und das Pendel der Uhr sich nicht im Raum hin und her bewegen könnte, hätten wir keine Möglichkeit, Zeit zu messen. Und wenn man die Zeit mangels Raum nicht messen kann, müsste man sie als 'nicht existent' betrachten. Den Umstand, dass Raum und Zeit weder unabhängig voneinander noch unabhängig von der Materie existieren können, formulierte Albert Einstein mit den Worten: 'Entferne Materie aus dem Universum, und Du entfernst auch Raum und Zeit[17]'."

---

[17] Wissenschaft der Götter, Zweitausendundeins, S. 69

„Puh", sage ich, „ich muss feststellen, ihr fordert mich ja ganz schön. So tief bin ich in dieses wirklich spannende Thema noch nie eingedrungen. Bevor ich allerdings etwas dazu sagen kann, muss ich erst einmal den Kaffee von vorhin wegbringen."

Mit einem breiten Lächeln im Gesicht erhebe ich mich vorsichtig aus dem Sitz und stakse mit meinen vom Sitzen steif gewordenen Beinen bedächtig zur Abteiltür, öffne sie und begebe mich auf den Gang. Während ich langsam aber zielstrebig auf das WC zusteure, kontrolliere ich meine Taschenuhr und stelle fest, dass ich jetzt schon fast zwei Stunden mit den beiden rede, ohne dass es auch nur einen Moment langweilig wurde. So macht reisen Spaß.

Nach der Erledigung meiner "Geschäfte" lenke ich erleichtert und wesentlich dynamischer als zuvor meine Schritte zum Abteil zurück. Kurz bevor ich die Tür des Abteils erreiche, fällt mein Blick auf die am Fenster vorbeiziehende Landschaft und ich bleibe einen Augenblick stehen, um dieses herrliche Panorama zu genießen. Ich merke, wie sich in meinem Herzen eine angenehme und ruhige Stimmung ausbreitet und so gehe ich frohen Mutes zu meinem Abteil. Gerade will ich zum Türgriff langen, als die Tür von innen geöffnet wird und Sabrina mit forschem Schritt aus dem Abteil tritt und mich dabei fast umrennt.

„Ups", sagt sie entschuldigend und fügt dann leise hinzu, „ich muss auch mal kurz etwas erledigen."

Während sich Sabrina auf die Suche nach dem WC begibt, betrete ich das Abteil und steuere meinen Sitzplatz an.

Kaum habe ich mich hingesetzt, begrüßt mich Peter mit den Worten: „Na, hat alles geklappt?"

„Jup", sage ich und mache es mir auf meinem Platz bequem.

„In der Zeit, wo du weg warst", beginnt Peter das Gespräch, „habe ich ein wenig in Swedenborgs Werk »Göttliche Liebe und Weisheit« geblättert und bin dabei auf eine interessante Textstelle gestoßen, in der es um unser in Raum und Zeit eingebettetes Denken geht. Wenn du willst, kann ich sie dir ja einmal vorlesen."

„Gerne", sage ich.

„Okay", sagt Peter und schlägt sein Buch an der durch ein Lesezeichen markierten Stelle auf und beginnt dann vorzulesen:

„Zweierlei ist der Natur eigen, RAUM und ZEIT: Aus diesen bildet der Mensch in der natürlichen Welt die Vorstellungen seines Denkens und aus ihnen seinen Verstand. Bleibt er in diesen Vorstellungen und erhebt sein Gemüt nicht über sie, so kann er durchaus nichts Geistiges und Göttliches fassen; denn er hüllt es ein in die Vorstellungen, die von Raum und Zeit entlehnt sind, und inwieweit er dies tut, insoweit wird das Licht seines Verstandes bloß natürlich, und aus diesem Denken und Schlüsse ziehen über das Geistige und Göttliche, ist wie aus dem Dunkel der Nacht über das denken, was bloß im Licht des Tages erscheint[18]."

Mit den Worten: „Soweit das Zitat von Emanuel Swedenborg" klappt Peter das Buch zu und schaut mich aufmerksam an.

Den erwartungsvollen Blick von Peter aushaltend lasse ich das Zitat eine geraume Zeit auf mich wirken, bevor ich etwas verunsichert sage: „Äh, schreibt dieser Swedenborg seine Texte immer so kompliziert? Ich glaube ich habe nicht wirklich verstanden, was er mit diesen Worten aussagen will."

„Entschuldige bitte, mein Fehler", sagt Peter, „ich bin inzwischen so sehr mit dem Schreibstil von Swedenborg vertraut, dass ich ganz vergessen habe, wie schwer mir in der Vergangenheit das Verstehen dieser Texte gefallen ist. Zumal es mir selbst heute noch gelegentlich passiert, dass ich beim Lesen eine geraume Zeit benötige, bis ich den Inhalt des Textes einigermaßen verstanden habe."

„Und woran liegt das, dass diese Texte so schwer verständlich sind?", unterbreche ich Peter in seinen Ausführungen.

---

[18] GLW 69

„Ich glaube", sagt Peter, „dass es mehrere Gründe dafür gibt, warum die Swedenborgtexte so schwer zu verstehen sind. Ein Grund ist sicherlich der, dass es oftmals meiner in Raum und Zeit eingebundenen Auffassungsgabe sehr schwer fällt, die tiefen Gedankengänge Swedenborgs nachzuempfinden.

Ein anderer Grund ist gewiss der, dass Swedenborg seine Bücher vor über 300 Jahren in lateinischer Sprache geschrieben hat und die Übersetzungen der meisten Bücher auch schon weit über einhundertfünfzig Jahre alt sind. Die Folge davon ist, dass zum einen in die Übersetzung das Textverständnis des Übersetzers eingeflossen ist und zum anderen, dass das Sprachgefühl von damals ein ganz anderes war, als es heute der Fall ist."

In diesem Moment wird ohne Vorwarnung die Abteiltür so schwungvoll geöffnet, dass sie mit lautem Getöse gegen den Anschlagpuffer knallt und Peter vor Schreck zusammenzuckend seinen Text vergisst. Mit einem „Ups" betritt Sabrina das Abteil und setzt sich leicht errötend auf ihren Platz.

Nachdem sich Peter ein wenig von seinem Schrecken erholt hat, sagt er zu Sabrina für meinen Geschmack etwas zu streng:

„Na, du kannst einen ja ganz schön erschrecken!"

„Das stimmt", pflichte ich Peter augenzwinkernd bei und wechsle dann geschickt das Thema, indem ich Peter bitte, mir seine Sichtweise des von ihm vorgelesenen Zitates zu erzählen.

Und der lässt sich nicht zweimal bitten und sagt: „Ich denke, Swedenborg will mit den Worten: Zweierlei ist der Natur eigen, RAUM und ZEIT: Aus diesen bildet der Mensch in der natürlichen Welt die Vorstellungen seines Denkens und aus ihnen seinen Verstand ' zum Ausdruck bringen, dass der Geist des natürlichen Menschen normalerweise in Kategorien aus Raum und Zeit denkt."

„Aha", werfe ich ein.

„Bereits im Mutterleib", fährt Peter fort, „wird der Mensch mit der Tatsache konfrontiert, dass alles, was er in seiner kleinen Welt ergreift und erspürt, eine räumliche Ausdehnung hat. Und spätestens dann, wenn er das Licht dieser Welt erblickt, ist seine ganze Persönlichkeit so sehr in eine Matrix aus Raum und Zeit eingebunden, dass sein ganzes Denken und Fühlen davon eingenommen wird.

Die Folge davon ist, dass für ihn der aus der Materie resultierende Raum und die mit beiden eng verbundene Zeit zu seiner einzigen Realität werden. Es kommt dem natürlichen Menschen gar nicht in den Sinn, dass jenseits des durch seine fünf Sinne erfahrbaren Daseins eine Welt liegt, die um ein Vielfaches reicher, lebendiger und realer als die natürliche Welt ist.

Swedenborg meint nun, dass sich der Mensch mit seinem Verstand über dieses in Raum und Zeit eingebundene Denken erheben muss, wenn er die wahren Ursachen allen Daseins ergründen will. Für Swedenborg ist die Materie, welche letztendlich nur aus elektromagnetischen Schwingungen besteht, nur eine Erscheinlichkeit, die sich aus unseren beschränkten Wahrnehmungsfähigkeiten ergibt. Wäre der Mensch in der Lage, die Welt wahrzunehmen, die sich jenseits seiner sinnlichen Eindrücke befindet, dann würde er wahrscheinlich erkennen, dass nur Gott die einzig wahre Realität ist.

Oder anders ausgedrückt, solange sich der Mensch nicht von seinen in Raum und Zeit begründeten Vorstellungen löst, wird es ihm nicht wirklich gelingen, Geistiges und Göttliches zu erfassen. Er wird gedanklich immer nur an der äußeren Erkenntnisrinde herumkratzen, während sich die wahre Realität außerhalb seines sinnlich wahrnehmbaren Horizontes befindet, oder um es mit Swedenborg auszudrücken: Wenn man aus seinem natürlichen Denken heraus Rückschlüsse über das Geistige und Göttliche zieht, ist es so, wie wenn man aus dem Dunkel der Nacht über etwas nachdenkt, was bloß im Licht des Tages erkannt werden kann."

„Okay", sage ich, „zu meinem besseren Verständnis will ich mal versuchen, das eben gehörte in eigene Worte zu fassen. Du vertrittst also die Auffassung, dass es jenseits der natürlichen Welt eine geistige Welt gibt, in der sich keine Materie befindet.

Und weil sich Albert Einstein und Swedenborg sozusagen darin einig sind, dass Zeit und Raum ohne Materie nicht bestehen können, gibt es in dieser geistigen Welt weder Raum noch Zeit. Außerdem zeichnet sich diese Welt noch dadurch aus, dass wir sie mit unseren fünf Sinnen weder begreifen noch erfahren können."

Ein leichtes Kopfnicken von Peter bestätigt mir, dass ich seine Gedanken soweit richtig verstanden habe.

„So weit ich deine Ausführungen kapiert habe", führe ich weiter aus, „kann man die Strukturen dieser jenseitigen Welt nur dann verstehen, wenn man es schafft, Raum und Zeit aus seinem Denken zu verbannen. Ein Ansinnen, von dem du selber sagst, dass es für uns Menschen, die wir von frühester Kindheit an nur in den sinnlichen Dimensionen von Zeit und Raum gedacht und gefühlt haben, so ohne Weiteres nicht möglich ist. Und als Sahnehäubchen erklärst du mir, dass das, was wir mit unseren Händen ergreifen, mit unseren Augen sehen und mit unseren Ohren hören können, nicht real, sondern nur eine Illusion ist. Während die Welt, welche sich völlig unserer sinnlichen Wahrnehmung entzieht, die reale Wirklichkeit sein soll.

Ich muss ehrlich gestehen", sage ich etwas hilflos zu Sabrina blickend, „das ist für mich doch etwas zu viel auf einmal. Alles, was ich bisher als real und existent betrachtet habe, ist eine Illusion? Und alles, was ich bisher als das Fantasieprodukt religiöser Träumer gehalten habe, soll die wahre Realität sein?!
Sabrina, vielleicht kannst du mir ja mal erzählen, wie du diesen Widerspruch für dich gelöst hast."

Nach einer kurzen Denkpause, die durch das ausgiebige Ordnen ihres mittellangen blonden Haares überbrückt wird, sagt Sabrina:

„Wenn ich ehrlich sein soll, dann gelingt es mir auch nicht immer auf diese teilweise superschwierigen Glaubensfragen befriedigende Antworten zu finden. Doch für mich ist das nicht weiter schlimm, denn zum einen habe ich meinen Vater, der sich in der Bibel und im Swedenborg recht gut auskennt, und der mir von daher auf viele meiner Fragen verständliche Antworten geben kann und zum anderen sind meine Gefühle für Jesus so ausgeprägt, dass mich solche scheinbaren theologischen Ungereimtheiten nicht weiter beunruhigen. Zumal ich in der Vergangenheit öfter die Erfahrung gemacht habe, dass sich große verstandesmäßige Widersprüche mit zunehmender Liebes- und Erkenntnistiefe in nichts aufgelöst haben.

In Bezug auf die Realitäten in der natürlichen Welt und in der geistigen Welt kann ich nur sagen, dass es sich hierbei auch um so ein hochtheoretisches Problem handelt, das für mein persönliches Leben kaum eine Rolle spielt.
Für mich gibt es überhaupt keinen Zweifel daran, dass es eine geistige Welt gibt. Als Beispiel hierfür möchte ich nur an die Ergebnisse der Nahtodforschung und der Parapsychologie erinnern. Auch die Bibel und die Werke Emanuel Swedenborgs bestätigen mich in meiner festen Überzeugung, dass der Tod nicht das Ende der menschlichen Existenz darstellt[19].

Ganz im Gegenteil, wenn der Mensch beim Sterben seinen Körper verlässt, dann beginnt überhaupt erst das wahre Leben. Denn der Körper ist für mich nichts anderes als so eine Art Maschine, durch die es dem Geistmenschen ermöglicht wird, in dieser durch Raum und Zeit geprägten Welt zu existieren. Der Leib des Menschen erscheint nur deshalb lebendig, weil er durch den ihm innewohnenden Geistmenschen zu den für uns wahrnehmbaren Aktivitäten angeregt wird.

Das ist so, als wenn ein Baggerfahrer so einen riesigen Schaufelbagger im Kohletagebau bedient. Solange der Fahrer hinter dem Steuer

---

[19] Und der aufgehängte Verbrecher sprach: „Jesus, gedenke meiner, wenn du kommst in dein Reich!" Er erwiderte ihm: „Wahrlich, ich sage dir: <u>Heute</u> noch wirst du mit mir im Paradiese sein!" [Luk. 23,42]
Und das ist die Verheißung, die er selber uns gab: das <u>ewige Leben</u>. [1. Joh. 2,25]
Kämpfe den guten Kampf des Glaubens, erstreite das <u>ewige Leben</u>, zu dem du gerufen bist und zu dem du dich bekannt hast durch das herrliche Bekenntnis vor vielen Zeugen. [1. Tim. 6,12]

sitzt, erscheint es dem Außenstehenden so, als ob sich da ein riesiges Monster durch die Landschaft frisst. Macht der Baggerfahrer aber Feierabend und geht nach Hause, dann steht da nur ein riesiges totes Stahlmonster ohne jegliche Funktion.

Genauso ist es mit dem Menschen, wenn sein Geist nach Hause in die jenseitige Welt geht, das heißt, wenn der Mensch stirbt. Dann wird der Leib zu einem toten und nutzlosen Gegenstand, der meist vergraben oder verbrannt wird.

Aus diesem Blickwinkel gesehen, sind für mich die mit meinen fünf Sinnen wahrnehmbaren Lebewesen nichts weiter als biologische Maschinen, die von einem entsprechenden Geistwesen belebt werden. Und diese Geistwesen existieren genauso jenseits von Zeit und Raum wie alle Verstorbenen, die Engel und natürlich auch Gott, von dem die Bibel und Swedenborg sagen, dass er ein Geist[20] ist, in dessen Sein weder Materie noch Raum und Zeit enthalten sind.

Wenn also Gott, die Engel, die Verstorbenen und auch der durch einen Geist belebte irdische Mensch letztendlich Geister sind, die in einer Welt jenseits von Raum und Zeit leben, dann stellt sich für mich das Jenseits um einiges realer als das Diesseits dar. Ich glaube, dass der natürliche Mensch dazu neigt, das Leben über seine fünf Sinne zu definieren. Für ihn lebt die Pflanze, solange sie grünt und blüht, das Tier lebt, wenn es sich bewegt und der Mensch lebt, wenn sein Puls noch zu fühlen ist. Wir definieren Leben durch räumlich und zeitlich bedingte Sinnesreize und merken gar nicht, dass wir uns in äußerliche Scheinbarkeiten verlieren, während das wahre Leben jenseits unserer Wahrnehmungsfähigkeiten stattfindet.

Mit anderen Worten", fügt Sabrina noch hinzu, „vom Verstand her ist für mich das Jenseits eine absolute Realität, von meinem gelebten Gefühl her geht es mir wahrscheinlich genauso wie dir. Denn obwohl ich um diese Dinge weiß, gelingt es mir nicht wirklich, Raum und

---

[20] Gott ist Geist, und die ihn anbeten, die müssen ihn im Geist und in der Wahrheit anbeten. [Joh. 4,24]

Zeit aus meinem Denken zu verbannen, um die Tiefen des göttlichen Seins ausloten zu können.

Und deshalb versuche ich den Rat von Jesus Christus zu befolgen, mein Leben so zu gestalten, dass ich offen bin für den Einfluss der göttlichen Liebe und Weisheit, indem ich danach strebe, Gott über alles und meinen Nächsten wie mich selbst zu lieben. Ein Unterfangen, was sich im Alltag oft als recht schwierig herausstellt und mich meist so in Beschlag nimmt, dass diese supertheoretischen Dinge für mich ziemlich in den Hintergrund treten."

Mit einem leicht angespannten, aber dennoch zufriedenen Gesichtsausdruck lehnt sich Sabrina in ihren Sitz zurück und schaut mich erwartungsvoll an.

Für einige Sekunden stellt sich Schweigen ein.

Während ich das eben Gehörte auf mich wirken lasse, scheint Peter den Kampf gegen die vornehme Zurückhaltung verloren zu haben, denn ohne eine Reaktion von mir abzuwarten, nimmt er das Gespräch wieder auf und sagt: „Natürlich hat Sabrina völlig recht, wenn sie sagt, dass es für den Menschen dieser Daseinsebene nicht unbedingt notwendig ist, dass er die Kunst, Raum und Zeit aus seinem Denken zu verbannen, beherrscht. Er hat wirklich genug damit zu tun, die erkannten göttlichen Wahrheiten so in seinem Leben umzusetzen, dass sich sein weltzugewandter Wille für den göttlichen Einfluss öffnen kann.

Wenn ich allerdings von mir ausgehe, dann ist es bei mir so, dass ich logisch nachvollziehbare Fakten brauche, um ein vertrauensvolles Verhältnis zu Gott aufbauen zu können. Bloß weil irgendjemand sagt oder schreibt, dass ich mich so oder so verhalten soll, oder dass es ein Jenseits ohne Raum und Zeit gibt, kann ich dies noch lange nicht für mich annehmen. Ich brauche einfach Fakten, die sich logisch in ein Gesamtbild einordnen lassen.

Ich habe lange gebraucht, bis ich für mich anerkennen konnte, dass die Bibel ein von Gott inspiriertes Buch ist. Aber so richtig verstan-

den habe ich dieses Werk erst, nachdem ich damit begonnen hatte, die Bücher von Swedenborg zu lesen. Durch ihn ist mir erst bewusst geworden, welch ein unermesslicher Schatz die Bibel ist, wenn es darum geht, etwas über Gott und über die Tiefen des eigenen Gemüts[21] zu erfahren.
Durch Swedenborg habe ich aber auch sehr viel über die jenseitige Welt mit ihren Verhältnissen und Gesetzmäßigkeiten gelernt."

Gerade in dem Moment, als Peter tief einatmet, um genug Luft für einen Kurzvortrag über das Jenseits oder so zu holen, wird die Abteiltür mit einem kräftigen Ruck geöffnet und die Kaffeeverkäuferin von heute Morgen erkundigt sich höflich, ob irgendjemand im Abteil ein Getränk oder ein belegtes Brötchen haben möchte.

Wenn ich so in mich hineinfühle, dann meldet sich bei mir schon seit einiger Zeit der kleine Hunger und so bestelle ich bei ihr ein Wasser und ein Käsebrötchen. Auch meine beiden Mitreisenden scheinen hungrig zu sein, denn sie kaufen sich auch zwei Mineralwasser und belegte Brötchen.

Während ich mein Käsebrötchen aus der Zellophanfolie auswickle, wünsche ich den beiden einen guten Appetit und beiße anschließend beherzt in die Schrippe. Auch die beiden lassen sich ihren kleinen Imbiss schmecken, sodass in unserem Abteil Ruhe einkehrt und jeder seinen Gedanken nachgehen kann.

Und so versuche ich mich beim Kauen des leicht nach Pappe schmeckenden Brötchen zu entspannen, indem ich mich bequem in meinem Sitz zurücklehne, die Augen schließe und herauszufinden versuche, mit welcher Käsesorte mein Brötchen belegt ist.

Nachdem ich den letzten Bissen verzehrt und meinen Durst mit einem kräftigen Schluck Wasser gestillt habe, sage ich zu den beiden:

---

[21] Unter dem Gemüt versteht Swedenborg das Innere des Menschen, welches in der geistigen Welt angesiedelt ist. Im Gemüt sind die zwei Fähigkeiten angelegt, die sein Leben ausmachen. Die eine Fähigkeit ist der Wille und die andere ist der Verstand. Alles Leben, das sich in der natürlichen Welt durch den Körper ausdrückt, wir von dort aus gesteuert.

„Ihr habt heute schon mehrmals die Bibel erwähnt. Und so, wie ich euch verstanden habe, schreibt ihr diesem alten Buch eine große Bedeutung zu. Schon allein deswegen, weil ihr daran glaubt, dass Gott irgendwie an diesem Buch mitgeschrieben hat.

Ich bin zwar kein Kenner der Bibel, aber ich weiß, dass sie zum einen aus der weit über dreitausend Jahre alten jüdischen Thora und dem über 1600 Jahre alten Neuen Testament[22] besteht. Wobei im letzteren mehr von dem Leben und den Philosophien des Jesus Christus die Rede ist, während im Alten Testament einerseits die Geschichte des jüdischen Volkes beschrieben steht und andererseits die überlieferten Vorstellungen über die Entstehung der Welt aufgezeichnet wurden.

Wenn ich nur an die sechstägige Entstehungsgeschichte der Welt oder an die Vertreibung von Adam und Eva aus dem Paradies denke, dann kann ich mir beim besten Willen nicht vorstellen, dass in dieses Buch die Gedanken Gottes eingeflossen sein sollen. Mir kommt es eher so vor, als wenn sich vor drei- oder viertausend Jahren die wissenschaftlich ungebildeten Priester irgendwelche Vorstellungen über die Entstehung des Lebens gemacht haben und das Ergebnis ihrer Fantasien dem ahnungslosen Volk unter großem Brimborium mitgeteilt haben.
Von daher wundert es mich schon ein wenig, dass gerade ihr, von denen ich den Eindruck gewonnen habe, dass ihr recht objektiv an diese Glaubensdinge herangeht, der Bibel mit ihren uralten Geschichten eine so große Bedeutung beimesst."

Scheinbar habe ich, ohne es zu wollen, den beiden irgendwie auf die Füße getreten, denn sie schauen mich leicht konsterniert an und Peter meldet sofort Einspruch an, indem er sagt:

---

[22] Die formale Zusammenstellung des Neuen Testaments fand im vierten Jahrhundert statt. Als wichtigstes Schreiben in der Geschichte des neutestamentlichen Kanons gilt dabei der 39. Osterfestbrief des Bischofs Athanasius von Alexandria aus dem Jahr 367, der die bis heute in allen christlichen Kirchen anerkannten 27 Schriften des Neuen Testaments aufzählt und als für die Kirche verbindlich einstuft. Bestätigt wird dieses durch das Decretum Gelasianum, das außerdem bestimmte Schriften anerkennt, sie aber nicht zum Kanon zählt und andere definitiv ausscheidet. [Wikipedia]

„Ganz so unwissend wie du es behauptest, waren die Menschen damals ja nun nicht. Als Moses etwa 1200 Jahre vor unserer Zeitrechnung damit begann, die Geschichte und den Glauben seines Volkes aufzuschreiben, da kannten die alten Ägypter schon lange eine Schrift und hatten genug astronomische und mathematisch-geometrische Kenntnisse erlangt, um Pyramiden in einer Größe zu bauen, von denen wir Heutigen nur vermuten können, wie sie das geschafft haben.

Viele der von uns heute als selbstverständlich hingenommenen Dinge wie z. B. die Zeiteinteilung in zweimal zwölf Stunden pro Tag, die Sternkreiszeichen, der Pflug und der Webstuhl stammen aus einer Zeit, wo der Raum des heutigen Deutschlands noch nicht einmal von Germanen besiedelt war.

Von daher finde ich es einfach unfair, den Menschen, die vor mehr als dreitausend Jahren im Nahen Osten gelebt haben, zu unterstellen, dass sie primitiv und wissenschaftlich ungebildet waren."

„Okay", sage ich, „das mit den ungebildeten Priestern nehme ich zurück. Aber was hat die wissenschaftlich unhaltbare Behauptung des Bibelautors Moses, dass die Welt in sechs Tagen erschaffen wurde, mit den alten Ägyptern zu tun?"

„Nun ja", sagt Peter, „immerhin hatte Moses ein sehr enges Verhältnis zu Ägypten. Denn er wurde ja unter ziemlich dramatischen Umständen zu einer Zeit geboren als sich das israelitische Volk in ägyptischer Gefangenschaft befand. Der damalige Pharao[23] hatte zu der Zeit seiner Geburt den Befehl erteilt, dass alle jungen männlichen Nachkommen der Israeliten getötet werden sollten. In ihrer Not legte ihn seine Mutter in einen Korb aus Papyrus und setzte ihn auf dem Nil aus[24]. Zu seinem Glück wurde der frisch geborene Moses von der Tochter des Pharaos gefunden und sozusagen adoptiert. Dadurch wurde er am ägyptischen Königshof wie ihr eigenes Kind aufgezogen.

---

[23] Ramses II. dritter Herrscher d. 19. Dynastie (Regierungszeit 1279-1212 v. Chr.)
[24] 2.Mose 2,1-9

Ein Aspekt dieser Adoption war sicherlich der, dass Moses eine umfangreiche Ausbildung in allen Wissenschaften seiner Zeit erhalten hat. Natürlich wurde er auch mit der damals in Gelehrtenkreisen bekannten Wissenschaft von den Entsprechungen vertraut gemacht. Einer Wissenschaft, die laut Swedenborg in der damaligen Zeit einen sehr hohen Stellenwert hatte, weil durch sie die geistig-spirituellen Erfahrungen der Menschen in natürliche Worte gefasst werden konnten. So sollen die meisten der damals verfassten religiösen Schriften in der Entsprechungssprache geschrieben worden sein.

Leider ist die Kenntnis um diese Entsprechungswissenschaft im Laufe der Jahrtausende in Vergessenheit geraten. Die Folge davon war, dass die alten Schriften wie z. B. die Bibel in weiten Bereichen immer unverständlicher wurden. Erst durch Emanuel Swedenborg ist diese uralte Wissenschaft wiederentdeckt worden. Er hat in seinen Werken ein System entwickelt, das es ihm, aber auch seinen Lesern ermöglicht, mit Hilfe der Lehre von den Entsprechungen den oftmals unverständlichen Sinn der Bibel zu entschlüsseln."

„Bevor du jetzt weiterredest", unterbreche ich Peter in seinen Ausführungen, „solltest du mir erst einmal kurz erklären, was ihr eigentlich unter 'Entsprechungen' versteht?"

„Da hast du natürlich völlig recht, entschuldige bitte", sagt Peter und fährt dann fort: „Die Lehre von den Entsprechungen geht davon aus, dass es ein Kommunikationsproblem zwischen der natürlichen und der geistigen Welt gibt.

Dies gilt auch für den jenseits von Raum und Zeit befindlichen Geist des Menschen, wenn er unter Zuhilfenahme seines Körpers anderen Menschen seine Gefühle und Gedanken mitteilen möchte. In der Regel verwendet der Mensch als Transportmittel für den Gedankenaustausch die aus einzelnen Worten bestehende Sprache, welche er im Laufe seines Lebens erlernt hat. Das Problem dabei ist nun, dass die heutigen Wörter meist gar nicht in der Lage sind, die in unserm Innersten entstehenden Gefühle zu beschreiben.

Wie oft geschieht es, dass wir einem anderen Menschen etwas aus unserem Innersten mitteilen möchten, aber für die zarten Gefühle in unserer Brust keine passenden Worte finden, die dem Gegenüber eine Ahnung von dem geben, was in uns vorgeht.

Vorwiegend müssen wir Worte benutzen, die aus der natürlichen Welt entnommen sind, um sie als Gefäß für unsere Gefühle zu verwenden. Nicht umsonst gebrauchen Dichter und Poeten zur Umschreibung von Gefühlen sehr häufig Worte aus der belebten Natur. Der liebliche Duft einer roten Rose, der warme Lufthauch einer lauen Sommernacht oder die zarten Blätter einer roten Mohnblüte sind doch sicherlich Formulierungen, die dem Hörer eine Ahnung davon geben, welches Gefühl der Dichter ausdrücken wollte. Es werden Worte aus der natürlichen Welt verwendet, die dem auszudrückenden Gefühl, das ja mehr der geistigen Welt entspringt, am besten entsprechen.

Emanuel Swedenborg durfte erkennen, dass sich die Menschen der alten Zeit noch der ursprünglichen Wortbedeutungen bewusst gewesen sind, sodass sie wesentlich besser in der Lage waren, geistige, innermenschliche Empfindungen, Regungen und Antriebskräfte in Worte zu fassen, als es der aufgeklärte Mensch unserer Zeit kann. Sie kannten noch die Entsprechungen der natürlichen Worte.

Swedenborg formulierte das einmal so: ‚Es besteht ein Entsprechungsverhältnis zwischen den Dingen, die in der geistigen Welt sind, und denen, die in der natürlichen Welt sind[25].‘

Dieses Wissen um die Entsprechungen war bei den meisten Schreibern des Alten Testaments noch vorhanden. So hat auch Moses seine Bücher in der Sprache der Entsprechungen geschrieben. Durch seine Studien am ägyptischen Königshof kannte er ja die Entsprechungsverhältnisse zwischen den Dingen der geistigen und der natürlichen Welt.

---

[25] WCR 75

Bei der Wissenschaft von der Entsprechung wird konsequent das Prinzip ‚wie oben so auch unten oder wie innen so auch außen' angewandt. Diese Entsprechungswissenschaft stellt gewissermaßen eine gleichnishafte Verbindung zwischen der geistigen und natürlichen Welt her, sodass es dem Leser solcher Schriften möglich wird, den inneren Sinn der Worte zu verstehen.

So entsprechen laut Swedenborg in der Bibel großartige und prächtige Dinge in den Himmeln Neigungen der Liebe zum Guten und Wahren, die garstigen und unreinen Dinge in den Höllen dagegen Neigungen der Liebe zum Bösen und Falschen[26]."

„Hmm, - zum Guten und Wahren, zum Bösen und Falschen - ", murmle ich in mich hinein und sage dann: „ich glaube, so richtig habe ich den praktischen Nutzen dieser Entsprechungen noch nicht verstanden. Könntest du mir das vielleicht mal an einem Beispiel verdeutlichen?"

„Ein Beispiel ...", wiederholt Peter langsam und sagt dann: „wenn es dir recht ist, dann könnte ich zwei Fliegen mit einer Klappe schlagen, indem ich dir als Beispiel etwas über die von dir kritisierte Schöpfungsgeschichte der Bibel erzähle."

„Finde ich gut", sage ich und wechsle die Sitzstellung, da mir das rechte Bein einzuschlafen droht.
Um zu verhindern, dass wir uns mit unseren Beinen in die Quere kommen, beginnt auch der mir gegenübersitzende Peter eine neue Sitzposition zu suchen. Nachdem wir unsere Beine neu arrangiert haben, sagt Peter:

„Die ersten Worte in der Bibel lauten:
Am Anfang schuf Gott Himmel und Erde.
Und die Erde war öde und leer ...

Mit diesen Worten will der mit der Entsprechungslehre vertraute Moses dem Leser sicherlich mehr als nur etwas über einen alten Schöp-

---

[26] WCR 77

fungsmythos erzählen. Denn es ist ja wohl kaum anzunehmen, dass ein Mann, der mit den hoch entwickelten astronomischen Kenntnissen der Ägypter vertraut war, den Weltenraum auf unsere Erde und den sie scheinbar umgebenen Himmel reduziert hat.

Um nachempfinden zu können, was Moses mit diesen Worten zum Ausdruck bringen wollte, darf man, wie gesagt, nicht vergessen, dass er mit der Entsprechungskunde vertraut war. Für ihn hatten die alten von Generation zu Generation überlieferten Mythen seines Volkes eine tiefe Bedeutung, die meist sehr wenig mit dem äußeren Buchstabensinn gemein hat.

Dazu kommt noch, dass Moses ein wesentlich unverkrampfteres Verhältnis zu Gott hatte als die scheinbar aufgeklärten Menschen der heutigen Zeit. Für ihn und die Menschen seiner Zeit war es absolut normal und selbstverständlich, dass das Verhältnis zwischen Gott und Mensch, zwischen Schöpfer und Geschöpf, zwischen Himmel und Erde im alltäglichen Leben eine wichtige Rolle spielte. Für diese Menschen war es wichtig, ihr Leben im Einklang mit den göttlichen Wahrheiten zu führen und dementsprechend strebten sie danach, diesem Ziel näher zu kommen.

Laut Emanuel Swedenborg beschreibt die Genesis zum einen ziemlich ausführlich die unterschiedlichsten Verhältnisse zwischen Gott und Mensch und zum anderen werden aus verschiedensten Blickwinkeln Möglichkeiten aufgezeigt, wie der Mensch seine Beziehung zu Gott verbessern kann[27].

Und so hat Moses mit den Worten ‚Am Anfang schuf Gott den Himmel und die Erde' nicht etwa die Schöpfungsgeschichte des natürli-

---

[27] Aus dem Buchstabensinn erkennt man durchaus nichts anderes, als dass gehandelt wird von der Schöpfung der Welt und vom Garten Eden, der das Paradies genannt wird, dann von Adam, als dem erstgeschaffenen Menschen. Wer ahnt wohl etwas anderes? Dass es aber Geheimnisse enthält, die noch nie geoffenbart worden, wird aus dem, was nun folgt, hinlänglich klar werden, und zwar, dass das erste Kapitel der Genesis, im inneren Sinn handelt von der neuen Schöpfung des Menschen oder von seiner Wiedergeburt im allgemeinen ... [HG 4]

chen Universums aufgeschrieben, sondern er umschreibt in der bildhaften Sprache der Entsprechungen das Gemüt eines Menschen, der doch am Anfang seiner Persönlichkeitsentwicklung steht.

Jeder Mensch, der das Licht dieser Welt erblickt, ist von seiner inneren Struktur so angelegt, dass er ein Engel oder ein Teufel[28] werden kann. Das heißt, der Mensch kann sich dank seiner ihm von Gott verliehenen Willensfreiheit zu Gott hin oder von Gott weg entwickeln.

Durch die Worte 'Am Anfang' wird der erste Zustand eines Menschen beschrieben, der noch keinerlei Wissen von den göttlichen Dingen des Himmels und den natürlichen Dingen der Erde hat. Ein Zustand, den man gewöhnlich bei kleinen Kindern beobachten kann, die von diesen Dingen noch nichts wissen.

Dies wird auch von den nächsten Worten bestätigt, in denen es heißt: 'Und die Erde war öde und leer'.

Swedenborg schreibt in seinen Büchern, dass in der Bibel oftmals das Gemüt des Menschen mit dem Begriff 'Erde' umschrieben[29] wird. Die Erde wurde von den damaligen Menschen deshalb als Symbol für das Gemüt benutzt, weil sie wie die im Gemüt enthaltene Lebensliebe die Trägerin des Lebens ist. Und so wie in Abhängigkeit vom Samen in der Erde gute und schlechte Pflanzen keimen können, so können im Gemüt des Menschen Wahrheiten oder Falschheiten aufkeimen. So wie das Erdreich, in das der gute Samen gelegt wird, eine gute oder schlechte Qualität haben kann, so kann auch die Wahrheit, welche in das Erdreich unseres Gemüts gelegt wird, durch eine Liebe zur Wahrheit gefördert und durch eine Liebe zur Welt bzw. durch eine gesteigerte Eigenliebe erstickt werden.

Natürlicherweise ist das Gemüt bei einem jungen Menschen in Bezug auf die Wahrheiten und Gefühle zu Gott noch öde und leer. Das ist

---

[28] Swedenborg definiert einen gottnahen Zustand als himmlisch (Engel) und einen gottfernen Zustand als höllisch (Teufel).
[29] Das Wort Mensch leitet sich von dem Begriff Boden ab (Im lateinischen Homo [=Mensch] von Humus [=Boden], wie auch im Hebräischen Adam [=Mensch] von Adamah [=Boden]).

so wie bei einem frisch gepflügten Acker, der bereit ist, jeglichen Samen, egal ob Weizen oder Unkraut, aufzunehmen, aber solange dies nicht geschieht, ist er öde und leer. Laut Swedenborg hat Moses unter der Erde, die öde und leer ist, ein menschliches Gemüt verstanden, in das nichts Gutes und Wahres eingesät ist. Leer ist, wo nichts Gutes, und öde, wo nichts Wahres ist, d. h. Unwissenheit in allem, was zum Glauben an Gott und somit zum geistigen und himmlischen Leben gehört."

„Wenn ich dich richtig verstehe", unterbreche ich die Ausführungen von Peter, „dann vertrittst du die Auffassung, dass es sich bei der biblischen Schöpfungsgeschichte nicht um irgendein geschichtliches Ereignis, sondern mehr um so eine Art von vorzeitlicher Psychologie handelt, in der die damaligen Menschen so etwas wie eine Geheimsprache verwendet haben, um ihre inneren Empfindungen und ihr Verhältnis zu Gott in Worte zu fassen. Und diese Entsprechungswissenschaft ist dann so eine Art Hilfsmittel, um diese Geheimsprache zu entschlüsseln.

Wenn das von dir beschriebene Bild mit dem Samen in unserer Seelenerde stimmen würde, dann stellt sich mir natürlich die Frage, ob die Geschichten in der Bibel überhaupt einen historischen Hintergrund haben?

Doch unabhängig davon, ob diese Ereignisse stattgefunden haben oder nicht, ich kann mir wirklich nicht vorstellen, wie die Menschen vor mehr als 3000 Jahren ohne die modernen Forschungsergebnisse von Freud[30] und seinen Nachfolgern so tiefe Einblicke in die menschliche Seele gehabt haben sollen."

Ohne auf meine Fragen einzugehen steht Peter freundlich lächelnd auf und begibt sich mit den Worten: „Entschuldigung, aber jetzt muss ich mal kurz etwas erledigen", zur Abteiltür. Nachdem er die Tür hinter sich geschlossen hat, ergreift Sabrina das Wort und sagt:

---

[30] Freud, Sigmund (1856-1939), österreichischer Arzt, Neurologe und Begründer der Psychoanalyse.

„Soweit ich weiß, sollen inzwischen sehr viele der im Alten Testament erwähnten Orte und Ereignisse wie Kriege, Hungersnöte, Naturkatastrophen usw. durch die Archäologie bestätigt worden sein, sodass es mir relativ leicht fällt, daran zu glauben, dass viele in der Bibel berichteten Ereignisse wirklich geschehen sind.

Allerdings ist es laut Swedenborg wohl so, dass Moses bei den ersten elf Kapiteln der Bibel nur so tut als ob die von ihm aufgeschriebenen Ereignisse einen geschichtlichen Hintergrund haben[31]. In Wirklichkeit beschreibt er dort in seiner bildhaften Sprache die verschiedenen inneren Zustände des Menschen, der sich auf dem Weg zu seiner Wiedergeburt befindet.

Erst in den späteren Texten sollen in die Erzählungen reale geschichtliche Ereignisse eingeflossen sein. Wobei es die meisten Schreiber der Bibel verstanden haben, in die an geschichtlich reale Geschehnisse angelehnten Texte einen inneren und sogar einen innersten Entsprechungssinn einzubinden[32]. Wer sich also in der Entsprechungswissenschaft auskennt, der wird aus den im Buchstabensinn oftmals sehr verwirrend erscheinenden Texten unglaublich viel für sein persönliches Seelenheil herauslesen können."

„Apropos Seelenheil", unterbreche ich Sabrina, „glaubst du eigentlich daran, dass die Menschen vor über 3000 Jahren wirklich so viel

---

[31] ... alles, was vom 1. Kapitel der Genesis bis zu Eber, 1. Mose Kapitel 11, geschichtlich zusammengewebt ist, bedeutet anderes, als was im Buchstaben vorliegt,. (HG 1020)

[32] Ebenso sind die Geschichten in der Bibel, wie auch die einzelnen Ausdrücke in der Bibel allgemeine, natürliche, ja materielle Gefäße, in denen Geistiges und Himmlisches ist. Dieses kommt gar nicht zur Anschauung, außer durch den inneren Sinn. Einem jeden kann es schon daraus einleuchten, dass Vieles in der Bibel nach Scheinbarkeiten, ja nach Sinnestäuschungen, gesprochen ist, z. B. dass der Herr zürne, strafe, verfluche, töte, und dergleichen mehr, während doch im inneren Sinn das Gegenteil ist, dass nämlich der Herr gar nicht zürnt und straft, noch weniger verflucht und tötet; denen jedoch, die aus Einfalt des Herzens an die Bibel glauben, wie sie es im Buchstaben fassen, schadet es nicht, wenn sie nur in Liebtätigkeit leben. Darum, weil die Bibel nichts anderes lehrt, als dass jeder mit dem Nächsten in Liebtätigkeit leben, und dass man den Herrn lieben soll über alles. Die, welche das tun, haben Inneres bei sich, und so werden bei ihnen die aus dem Sinne des Buchstabens gefassten Täuschungen leicht zerstreut. [HG 1408]

Ahnung von den komplexen Seelenstrukturen hatten, dass der heutige psychologisch aufgeklärte Mensch etwas daraus lernen kann?"

„Ich denke schon", antwortet Sabrina, „denn so wie ich hundertprozentig von der Existenz Gottes überzeugt bin, so glaube ich auch felsenfest daran, dass Gott ein wirkliches Interesse daran hat, sich den Menschen dieser Erde mitzuteilen. Leider haben sich die meisten Menschen soweit von Gott entfernt, dass Er sich ihnen nicht direkt offenbaren kann. Deshalb muss sich Gott immer wieder auserwählter Personen wie z. B. Moses, des Propheten Daniel oder Swedenborgs bedienen, um uns Menschen Wege aufzuzeigen, wie wir eine tiefe Liebe zu Gott und unseren Nächsten entwickeln können.

Und weil Gott jedes einzelne Atom in der gesamten Schöpfung kennt und Ihm auch nicht eine menschliche Regung unbekannt ist, versteht Er natürlich wie kein Zweiter die Strukturen der menschlichen Seele.

Von daher glaube ich schon, dass Moses mehr über den inneren Aufbau des Gemüts wusste als die meisten Psychologen heutzutage. Schon allein die Tatsache, dass Gott in den psychologischen Lehrmeinungen, wenn überhaupt, oft nur als Krankheits-symptom Erwähnung findet, zeigt mir, dass die Bibel mehr über die inneren Beweggründe des Menschen aussagen kann als die meisten Psychologiebücher.

Wenn ich da von mir ausgehe, dann kann ich rückblickend feststellen, dass ich aus der Bibel Vieles für mein konkretes Leben lernen konnte, was wahrscheinlich in keinem Psychologiebuch der Welt stehen wird."

„Hmm", brumme ich in mich hinein und sage dann zu Sabrina: „Könntest du mir da vielleicht ein paar konkrete Beispiele nennen?"

„Ich denke", sagt sie, „die wohl wichtigste Erkenntnis, die ich der Bibel verdanke, ist die, dass es einen Gott gibt, der alles in der gesamten Schöpfung erschaffen hat und der alle Lebewesen auf unserer

Erde belebt[33]. Dieser Gott liebt uns Menschen und wünscht sich nichts sehnlicher, als von uns wiedergeliebt zu werden. Und damit der Mensch Gott kennen, schätzen und lieben lernen kann, hat Er ihm in der Bibel eine große Anzahl von Textstellen geschenkt, aus denen er etwas über die Eigenschaften Gottes erfahren kann, denn nur das, was man kennt, kann man auch wirklich lieben.

Ich für mich habe aus der Bibel erkannt, dass Gott ein liebender, weiser und barmherziger[34] Gott ist, der durch Jesus Christus zu einem nahbaren und schaubaren Gott geworden ist.

Und durch die Lehren von Jesus Christus weiß ich, dass der Weg zu meinem wahren Lebensglück nicht darin besteht, nach Macht und Reichtum[35] zu trachten. Viel wichtiger ist es, in der Zeit, die mir in diesem Erdenleben zur Verfügung steht, danach zu streben, Gott über alles und meinen Nächsten wie mich selbst zu lieben.

Na ja, und Gott über alles zu lieben ist ja nun nicht gerade das, was in den Psychologiebüchern als erstrebenswertes Lebensziel gelehrt wird."

Hier unterbricht Sabrina ihre Ausführungen, denn Peter betritt das Abteil und steuert schnurstracks seinem Sitzplatz zu. Noch beim Hinsetzen fragt er in die Runde: „Habe ich etwas versäumt?"

„Nicht wirklich", sagt Sabrina, „ich versuche gerade Daniel zu erklären, welchen Einfluss die Bibel auf mein persönliches Leben genommen hat."

---

[33] Du hast den Himmel erschaffen, die Erde und alles, was darauf sich befindet, die Meere und alles, was sie umschließen. Alles erhältst du am Leben. [Neh. 9,6]
[34] Denn der HERR, dein Gott, ist ein barmherziger Gott; er wird dich nicht lassen noch verderben ... [5. Mose 4,31]
[35] Ihr sollt euch nicht Schätze sammeln auf Erden, da sie die Motten und der Rost fressen und da die Diebe nachgraben und stehlen. Sammelt euch aber Schätze im Himmel, da sie weder Motten noch Rost fressen und da die Diebe nicht nachgraben noch stehlen. Denn wo euer Schatz ist, da ist auch euer Herz. [Matth. 6,19-21]

Und zu mir gewandt sagt sie: „Ich denke, am meisten haben mich in der Bibel die Worte und das Leben von Jesus Christus beeinflusst.

Sein Leben ist für mich der Beweis dafür, dass es trotz schwierigster Lebensumstände möglich ist, Gott über alles und seinen Nächsten wie sich selbst zu lieben. Denn obwohl Sein Leben von Armut, Not und unerträglichem Leid gezeichnet war, hat Er dennoch eine große Liebe zu den Menschen gehabt. Durch Seine innige Verschmelzung mit dem himmlischen Vater besaß Er die Kraft und die Macht, Menschen von ihren körperlichen und seelischen Leiden zu heilen und selbst als sie ihn an das Kreuz nagelten, fand Er noch Worte des Verstehens und Verzeihens für Seine Peiniger, indem Er sagte ‚Vater vergib ihnen, denn sie wissen nicht, was sie tun!'.

Diese unbegreifliche barmherzige Liebe und der Umstand, dass Jesus Christus die Wahrheit Seiner Worte durch die Überwindung Seines leiblichen Todes bewiesen hat, führten dazu, dass sich während meines Bibelstudiums in meinem Herzen eine tiefe Zuneigung zu Jesus entwickelt hat.

Die Folge davon war, dass ich damit begann, Seine Ratschläge wie: ‚Richtet nicht, auf dass ihr nicht gerichtet werdet'[36] oder, Liebe Gott über alles und deinen Nächsten wie dich selbst'[37] zu beherzigen, sodass sich im Laufe der Zeit meine Einstellung zu Gott, zum Leben und zu meinen Mitmenschen verändert hat.

Durch die Auseinandersetzung mit Jesus wurde ich verständnisvoller, toleranter und auch irgendwie weicher, was unter anderem dazu führte, dass sich mein angespanntes Verhältnis zu meinen Eltern entkrampfte und wir heute viel besser miteinander auskommen, als es noch vor zwei Jahren der Fall war."

„Das kann ich absolut bestätigen", unterbricht Peter die Ausführungen von Sabrina und fährt dann fort, „es gab Zeiten, in denen ich wirklich nicht mehr wusste, was ich mit Sabrina machen sollte.

---

[36] Matthäus 7,1
[37] Lukas 10,27

Wenn ich da so zurückdenke ...

Ich bin Gott sehr dankbar dafür, dass sich meine Tochter von einer notorischen Besserwisserin zu einer liebevollen und verständnisvollen Frau entwickelt hat. Ohne die Hilfe Gottes wäre es wahrscheinlich früher oder später zu einem Bruch zwischen uns gekommen, was ich seelisch bestimmt nicht verkraftet hätte."

Hier unterbricht Peter seine Ausführungen, nimmt Sabrinas linke Hand und hält sie liebevoll zwischen seinen Händen. Eine angenehme Schwingung macht sich im Abteil breit und jeder beginnt seinen Gefühlen und Gedanken nachzugehen.

Ich schließe die Augen und genieße den Augenblick von liebevoller Eintracht. Die Monotonie der Zuggeräusche lässt mich langsam in so eine Art Schlummerzustand fallen und ich beginne von meinem kürzlich verstorbenen Vater zu träumen, der mir irgendetwas zuruft, was ich aber nicht verstehe. Irgendwie scheine ich mich bei dem Versuch, die Worte meines Vaters zu verstehen, so sehr zu verkrampfen, dass sich die Verspannung mit einem kräftigen Zucken meines Körpers entlädt. Davon aufgewacht öffne ich die Augen, um zu sehen, ob die beiden etwas von meinem Zucken bemerkt haben.

Offensichtlich ist dies nicht der Fall, denn sie sitzen mit geschlossenen Augen sehr entspannt auf ihren Plätzen und machen nicht den Eindruck, als ob sie etwas von ihrer Umwelt bemerken würden.

So bleibt mir ein wenig Zeit, um über meinen komischen Traum nachzudenken. Mir kommt in den Sinn, dass, wenn die beiden recht haben, mein Vater in einer Welt jenseits meiner Sinneswahrnehmungsmöglichkeiten weiterleben müsste.

Ob er wohl im Himmel ist, oder ist er als Atheist in der Hölle gelandet?

Irgendwie steigt aus meinem Inneren der dringende Wunsch auf, diese Frage mit den beiden zu erörtern. Mit einem leichten Räuspern versuche ich, ihre Aufmerksamkeit auf mich zu lenken. Dieses Unterfangen ist leider mit wenig Erfolg gekrönt, sodass ich zu einem etwas stärkeren Husten übergehen muss.

Endlich öffnet Peter blinzelnd die Augen und ich kann ihn sogleich mit meiner Frage überfallen, indem ich sage: „Du Peter, ich habe gerade von meinem verstorbenen Vater geträumt und da kam mir der Gedanke, ob er wohl im Himmel oder in der Hölle gelandet ist. Wobei ich keine Ahnung habe, ob es einen Himmel oder eine Hölle überhaupt gibt, und wenn ja, wo sich die beiden befinden. Kannst du mir etwas dazu erzählen?"

Ein Lächeln huscht über das Gesicht von Peter und dieses Lächeln sagt mir, dass dies wohl eines seiner Lieblingsthemen zu sein scheint.

„Ja", sagt Peter, „das mit dem Himmel und der Hölle ist so eine Sache. - Viele Menschen glauben daran, dass der Himmel ein Ort außerhalb unserer Erdatmosphäre ist, an den die guten Menschen als Geister nach ihrem irdischen Tod kommen. Die Hölle ist für sie ein unter der Oberfläche unserer Erde befindlicher Ort, an dem sich die bösen Menschengeister aufhalten.

Die meisten Menschen erhoffen sich vom Himmel ewig andauernde Freude und Glückseligkeiten, die je nach Mentalität recht unterschiedlich ausfallen können.

Die einen stellen sich vor, dass sie an einer großen Tafel mit ausgewählten Speisen und Getränken sitzen, wo sie nach Herzenslust trinken und schmausen können und von ausgesuchten Künstlern auf das Angenehmste unterhalten werden. Andere gehen davon, dass sie mit großer Wonne Gott loben und preisen werden und sich zwischendurch in erhabenen Gesprächen mit anderen Geistern über den Himmel, die Engel und Gott austauschen.

Wieder andere hoffen, dass sie zur Rechten Gottes sitzen und mit Ihm gemeinsam darüber urteilen, welcher Geistmensch in den Himmel und welcher in die Hölle kommt. Wahrscheinlich wird es eine große

Anzahl von unterschiedlichsten Ansichten geben, wie die himmlischen Glückseligkeiten ausschauen.

Die Vorstellungen von der Hölle werden meistens mit Leid, Qualen und unerträglichen Schmerzen in Verbindung gebracht. Ich erinnere nur an das ewige Höllenfeuer, in dem die Menschen für immer schmoren müssen."

„Das sind ja nun nicht gerade angenehme Aussichten", werfe ich ein.

„Dem kann ich nur beipflichten", sagt Peter und fährt dann fort, „zu meinem großen Glück habe ich durch die Werke Swedenborgs tiefe Einblicke in die Verhältnisse der jenseitigen Welt gewinnen können. Ihm war es gegeben, mit den Geistern in der anderen Welt zu reden[38] und deren Erfahrungen in das Diesseits zu transformieren, sodass es für uns in dieser Daseinsebene Lebenden durchaus möglich ist, etwas vom Jenseits zu wissen."

Mit den Worten: „Ich bin ganz Ohr", versuche ich Peter dazu zu ermuntern, weiter zu erzählen. Was wahrscheinlich gar nicht nötig gewesen wäre, denn ohne auf meinen Einwurf hin, irgendeine Miene zu verziehen, sagt er: „Der Mensch wird in der Regel dann zu einem Bewohner der geistigen Welt, wenn er gestorben ist und sein Körper jegliche biologische Funktion eingestellt hat.

Da der Geist des Menschen unsterblich ist, lebt dieser in der jenseits von Raum und Zeit liegenden Welt weiter, wodurch er sich unserer sinnlichen Wahrnehmung entzieht. Dort angekommen erscheint es dem Geistmenschen oftmals so, als ob sich für ihn nichts verändert hat.

---

[38] Der Herr hat sich mir geoffenbart und gab mir Befehl und Auftrag, dasjenige bekannt zu machen, was ich schreibe; Er öffnete die Augen meines Geistes und führte mich in die Geisterwelt ein, wo ich den Himmel und die Hölle gesehen habe. Ich sprach mit den Engeln und Geistern, so wie ein Mensch mit einem Menschen spricht, und zwar länger als achtundzwanzig Jahre hindurch. Dies bezeuge und versichere ich in Kraft der Wahrheit. [Vorwort zu H.u.H.]

Er lebt in seinem Inneren und die aus diesem Inneren nach Außen projizierte Welt[39] vermittelt ihm das Gefühl, als würde er noch auf der Erde leben. Er geht seinen gewohnten Beschäftigungen nach, lebt in seiner gewohnten Umgebung und es kommt nicht selten vor, dass er gar nicht bemerkt, bereits in der jenseitigen Welt zu sein.

Er ist als Geist eine Frau, wenn er in der Welt eine Frau war und er ist ein Mann, wenn er auf der Erde ein Mann war. Er fühlt, sieht, riecht, schmeckt und hört wie zuvor, sodass er seine erscheinliche Umwelt genauso wahrnimmt, wie er die natürliche Welt zu Lebzeiten wahrgenommen hat.

Bevor nun ein Geist in den Himmel bzw. in die Hölle kommt, muss er laut Swedenborg eine gewisse Zeit in der sogenannten Geisterwelt verbringen. Diese Geisterwelt stellt so eine Art Zwischenstation dar, in der sich die innere Struktur des Geistes dahin gehend verändert, dass die mögliche Diskrepanz zwischen dem Denken und dem Fühlen aufgehoben wird. Swedenborg würde von der Verbindung des Verstandes und des Willens und von ihrer Gleichheit mit der Verbindung des Guten und Wahren bzw. der Verbindung des Falschen und Bösen sprechen."

„Kannst du mir das mal an einem Beispiel verdeutlichen?", frage ich Peter in seine Ausführungen hinein.

„Naja", sagte er, „sicherlich wirst du doch die eine oder andere Situation kennen, wo du wider besseren Wissens etwas getan hast, nur weil es dein Bauch bzw. Gefühl so wollte.

Als Beispiel fällt mir spontan der Raucher ein, dessen Wille immer wieder Begründungen findet, um eine Zigarette zu rauchen, obwohl ihm sein Verstand sagt, dass Rauchen weder für seine Gesundheit noch für seinen Geldbeutel gut ist.

---

[39] Dies ist vergleichbar wie das Erleben in einem Traum. Dort erscheinen uns ja auch die aus unserem Inneren aufsteigenden Bilder, Orte und Menschen so real, als ob sie außerhalb von uns wären.

Oder jemand sagt einem Menschen etwas wider besseren Wissens nur, um für sich einen materiellen Vorteil herauszuschlagen. Denke nur einmal an die Kaffeefahrten, bei denen ahnungslosen Menschen zu völlig überteuerten Preisen irgendwelche Heizdecken aufgeschwatzt werden. Nach außen hin erscheinen die Verkäufer der überteuerten Artikel als Menschenfreunde, die es mit den potenziellen Käufern wirklich gut meinen. Innerlich sieht es bei diesen Leuten gewiss ganz anders aus.

Diese Diskrepanz zwischen dem Wissen um die Wahrheit und dem Handeln aus niederen Beweggründen des Willens heraus ist etwas, was in der natürlichen Welt sehr häufig vorkommt. Der Mensch erkennt zwar die Wahrheit mit seinem Verstand, aber seine Lebensliebe ist so sehr auf die Befriedigung der eigenen Neigungen fixiert, dass es sozusagen zu einer Trennung des Verstandes von dem Willen kommt. Der Mensch ist gewissermaßen eine gespaltene Persönlichkeit.

Hierzu würde ich dir gerne einen Text aus dem Werk »Himmel und Hölle« vorlesen, in dem Swedenborg diese Zusammenhänge sehr gut darstellt."

Während Peter sein Buch in die Hand nimmt und sehr konzentriert nach seinem Zitat sucht, sage ich augenzwinkernd: „Ich hoffe nur, dass dein Zitat nicht so schwierig zu verstehen ist wie das von vorhin"

Die Zeit, die Peter zum Blättern in seinem Buch benötigt, nutze ich, um einmal kurz aufzustehen und mich zu strecken und zu recken. So interessant das Gespräch mit den beiden auch ist, die lange Sitzerei macht mir schon ein wenig zu schaffen. Kaum habe ich mich wieder hingesetzt, da scheint Peter seine Textstelle gefunden zu haben, denn er richtet sich auf, schaut mich kurz an und beginnt nach einigen Augenblicken vorzulesen:

„In »Himmel und Hölle« Nummer 423, schreibt Swedenborg: ‚Zuerst soll hier etwas von der Verbindung des Verstandes und Willens und die ihr gleiche Verbindung des Guten und Wahren ausgeführt werden.

Der Mensch hat einen Verstand und einen Willen; der Verstand nimmt die Wahrheiten auf und bildet sich aus ihnen, und der Wille nimmt das Gute auf und wird aus ihm gebildet. Der Mensch nennt daher alles, was er einsieht und infolgedessen denkt, wahr, alles aber, was er will und infolgedessen denkt, gut. Aufgrund seines Verstandes kann der Mensch denken und von daher auch begreifen, was wahr und was gut ist.

Er denkt es jedoch nicht aus dem Willen, außer er will und tut es auch. Sobald er es will und aus dem Wollen heraus tut, gründet es sowohl im Verstand wie im Willen, das heißt im Menschen selbst, denn weder der Verstand noch der Wille allein macht den Menschen aus, sondern nur beides zusammen. Nur das, was in beiden gründet, ist im Menschen und ein Teil von ihm geworden. Was hingegen nur dem Verstand angehört, ist zwar beim Menschen, aber nicht in ihm und bleibt somit eine Angelegenheit seines Gedächtnisses und der Kenntnisse, an die er denken kann, wenn er nicht innerlich in sich selbst, sondern außer sich bei anderen ist. Es bleibt also eine Angelegenheit, über der er reden und Betrachtungen anstellen und für die er auch Gefühle und Gebärden heucheln kann'."

Mit den Worten. „Soweit das Zitat" klappt Peter das Buch zu und schaut mich erwartungsvoll an.

„Oh Mann", sage ich etwas kleinmütig „kann denn dieser Swedenborg seine Texte nicht ein bisschen einfacher schreiben? Was meint er denn damit, wenn er von dem Guten und Wahren redet? Und was hat das mit der Verbindung des Verstandes mit dem Willen auf sich? Kurz, was will uns Swedenborg mit diesem Text sagen?"

Mitfühlend schaut mich Peter an und sagt dann: „Als ich dieses Swedenborgzitat das erste Mal gelesen habe, ging es mir ganz ähnlich wir dir. Denn obwohl ich schon einige Werke von Swedenborg durchgearbeitet habe, kommt es immer wieder vor, dass ich mich in den einen oder anderen aus Schachtelsätzen bestehenden Text förmlich hineinfühlen muss, um Erahnen zu können, was er mir eigentlich sagen will.

So wie ich den Text verstehe, will uns Swedenborg in diesem Zitat etwas über das Zusammenwirken der zwei im Inneren des Menschen wirkenden Kräfte mitteilen. Für diese beiden Kräfte benutzt Swedenborg die Begriffe Wille und Verstand. Wobei der Wille das eigentliche Sein und Wesen des Menschen ausmacht und sozusagen der Wohnort für seine Lebensliebe ist. Während der Verstand des Menschen der Part ist, durch den er denken und von daher auch begreifen und verstehen kann. So gesehen ist der Verstand gewisser Art der Wohnort für die Weisheit des Menschen. Beide zusammen, also der Wille und der Verstand sind untrennbar miteinander verwoben und machen den geistigen Menschen aus, der sich in der natürlichen Welt durch seinen Körper ausdrückt.

Swedenborg schreibt an einer Stelle, dass sich der eigentliche Geist des Menschen aus seinem Willen und seinem Verstand zusammensetzt[40] und begründet dies damit, dass ja des Menschen Weisheit und Einsicht wie auch seine Liebe und Nächstenliebe, ja sein Leben überhaupt, in ihnen wohnen. Wobei der Wille als das Gefäß für die Liebe den eigentlichen Menschen ausmacht[41], während der Verstand sozusagen durch den Willen dazu benutzt wird, die Wünsche und Neigungen der Liebe auszuleben.

Ich denke, es ist leicht nachzuempfinden, dass der Mensch seinen Verstand dazu benutzt, um die Wünsche des Willens zu befriedigen. Denn es wird wohl kaum einen Menschen geben, der sich im Laufe des Tages keine Gedanken darüber macht, was er anstellen muss, um die aus seinem Inneren aufsteigenden Wünsche und Bedürfnisse so zu befriedigen, dass er sich gut fühlt.

Das Interessante ist nun, dass der Mensch die Gabe hat, aus dem Verstand heraus, aber auch aus dem Willen heraus zu denken. Aus dem

---

[40] WCR 397
[41] WCR 255,347c,507f,658

Verstand heraus denkt er, wenn er sich dem mehr rationalen, von Gefühlen losgelösten Denken hingibt und auf diese Weise von den 'Bauchgefühlen' unabhängige Wahrheiten erkennen kann. Aus dem Willen denkt er, wenn er die Impulse, welche aus der im Willen verankerten Lebensliebe entspringen, in die Tat umsetzt. Denn wenn der Mensch seine Schaffensimpulse in das Dasein stellen möchte, dann geht das nur, wenn der Wille seine Ideen über den Verstand umsetzen kann. Swedenborg würde wahrscheinlich sagen: ‚Der Wille gestaltet sich im Verstand und tritt so ans Licht.'

Man könnte sagen, dass das Denken aus dem Willen die Kraft ist, welche den materiellen Körper zu dieser oder jener Aktion veranlasst, um die aus der Lebensliebe entspringenden Wünsche und Bedürfnisse zu befriedigen, während das Denken aus dem Verstand zu Erkenntnissen führen kann, die unabhängig von den Impulsen der Lebensliebe sind. Denn das, was der Verstand im Gedächtnis gespeichert hat, sind Kenntnisse, an die er unabhängig vom Willen denken kann, über die er reden und allerlei Betrachtungen anstellen kann. So ist in der Regel der Verstand dafür verantwortlich, wenn der Mensch mit anderen Menschen diskutiert und dabei über irgendwelche Dinge mehr oder weniger wichtige Betrachtungen anstellt. Wobei es durchaus vorkommen kann, dass der Verstand, wenn es ihm zweckmäßig erscheint, anderen gegenüber sogar Gefühle und Gebärden heuchelt."

„Okay", unterbreche ich den Redefluss von Peter, „was hat denn aber nun die Erkenntnis, dass der Mensch sowohl aus seinem Willen als auch aus seinem Verstand heraus denken kann, mit dem ominösen Geisterreich zu tun?"

Darauf wollte ich gerade zu sprechen kommen", entgegnet Peter und fährt dann fort, „wie ich eben schon erwähnt habe, wird jeder frisch verstorbene Mensch ein Bewohner der jenseits von Raum und Zeit befindlichen Geisterwelt. Dort lebt er zunächst in so einer Art Zwischenzustand, in dem er sich weder im Himmel noch in der Hölle befindet[42]. Swedenborg schreibt, dass dort alle Geistmenschen ge-

---

[42] H.u.H. 422

prüft und entweder für den Himmel oder die Hölle vorbereitet werden. Diese Vorbereitung besteht darin, dass die Seele durch göttliche Zulassung dahingehend geleitet wird, dass die Diskrepanz zwischen dem Denken und dem Fühlen aufgehoben wird. Swedenborg würde von der Verbindung des Verstandes und des Willens und von ihrer Gleichheit mit der Verbindung des Guten und Wahren bzw. der Verbindung des Falschen und Bösen sprechen.

Wenn dann der Verstorbene nach einigen mehr oder weniger schweren Kämpfen wahrhaftig geworden ist, das heißt, wenn sein Wille mit seinem Verstand zu einer Einheit verschmolzen ist, dann korrespondiert sein Inneres mit den erscheinlichen äußeren Zuständen. Ist dies der Fall, dann gestalten sich seine äußeren Zustände so, dass sie entweder himmlischer oder höllischer Natur sind. Denn das Innere korrespondiert mit der Lebensliebe des Geistes, und diese Liebe ist letztendlich nicht neutral, sondern sie wird sich entweder vom Göttlichen angezogen oder abgestoßen fühlen.

Fühlt sich der Geist vom Göttlichen angezogen, dann wird sein innerer Zustand himmlischer Natur, und in der Erscheinlichkeit erlebt er gute und lichte Dinge - in diesem Fall spricht man von einem Engel. Fühlt sich der Geist vom Göttlichen abgestoßen, dann wird sein innerer Zustand höllischer Natur und in der Erscheinlichkeit erlebt er böse und dunkle Dinge - in diesem Fall spricht man von einem Teufel. Die Bezeichnung Himmel und Hölle bzw. Engel und Teufel sind so gesehen letztendlich Entsprechungsbezeichnungen für Geister, deren Lebensliebe sich entweder dem Göttlichen zu- oder abgewandt hat."

Nach diesen doch recht komplexen Ausführungen muss Peter erst einmal tief Luft holen, um sich neu zu sammeln.

Diesen Moment der Stille ausnutzend wende ich mich Sabrina mit den Worten zu: „Du Sabrina, das Ganze kommt mir irgendwie sehr suspekt vor. Wenn ich Peter richtig verstanden habe, dann soll der Mensch nach dem Sterben in der Geisterwelt - welche irgendwie zwischen dem Himmel und der Hölle liegt - weiterleben. Aber wo sind denn nun die Hölle und der Himmel? Und was hat das Ganze damit zu tun, dass bisweilen zwischen dem, wie der Mensch denkt und handelt und dem, was er fühlt, eine mehr oder weniger große Diskrepanz besteht?" Und dann füge ich noch augenzwinkernd hinzu: „Ich meine, ein wenig flunkern tun wir doch alle mal, oder?"

„Hm", murmelt Sabrina in sich hinein und sagt dann etwas zögerlich, „ich habe zwar für mich recht plausible Antworten auf deine Fragen gefunden, die jetzt aber in Worte zu fassen fällt mir doch ziemlich schwer."

Mit einem freundlichen Lächeln versuche ich Sabrina aufzumuntern und sage zu ihr: „Das kann ich mir gut vorstellen, aber ich würde mich freuen, wenn du es trotzdem versuchen würdest."

„Na ja", sagt Sabrina und spricht dann sehr konzentriert weiter, „ich sehe das so, wenn der Mensch nach dem Ablegen seines Körpers eine Welt betritt, in der es weder Raum noch Zeit gibt, dann können Himmel und Hölle keine Orte sein, die von Engeln bzw. Teufeln bewohnt werden. Denn ein Ort ist nur dann ein Ort, wenn er eine räumliche Ausdehnung hat, in dem die Zeit voranschreitet, und so etwas gibt es meines Wissens im Geisterreich nicht.

Deshalb sind für mich die in der Bibel und von den Mystikern verwendeten Begriffe Himmel und Hölle keine Ortsbeschreibungen, sondern bildhafte Umschreibung innermenschlicher Vorgänge nach dem irdischen Tod. Das gleiche trifft meines Erachtens auch für die Begriffe Engel und Teufel zu. So wie ich Swedenborg verstehe, stellen diese Begriffe Entsprechungsbilder für die Gemütszustände von Geistmenschen dar.

Wenn also davon die Rede ist, dass sich ein verstorbener Mensch als Engel im Himmel befindet, dann ist damit eben kein Ort, sondern der Zustand eines Geistmenschen gemeint, der seine Liebe auf Gott und seinen Nächsten ausrichtet. Und wenn von einem Teufel die Rede ist, der in der Hölle sein Unwesen treibt, dann ist damit ein Geistmensch gemeint, der weder eine Liebe für Gott noch für seinen Nächsten hat, dafür aber sich selbst über alles liebt.

So gesehen kann man nicht sagen: ‚Dort ist der Himmel oder dort ist die Hölle'. In der Welt nach dem Tod gibt es eben keine raumzeitlichen Koordinaten.

Natürlich kann ich mir das mit den Gemütszuständen in der geistigen Welt auch nicht so wirklich vorstellen. Ich denke, es wird so ähnlich wie in unseren Träumen sein. Auch dort erleben wir ja Dinge, die irgendwie aus unserem Inneren aufsteigen und in symbolhafter Weise etwas mit den tieferen, meist unbekannten Schichten unseres Seins zu tun haben. Wenn ich da z. B. an meine Träume denke, dann ist das, was ich dort erlebe, zwar manchmal ganz schön wirr, aber dennoch gibt mir der eine oder andere Traum eine Ahnung davon, wie es in meinem Innersten wirklich aussieht.

Interessant dabei ist für mich, dass in meinen Träumen eigentlich immer nur Bilder und Begriffe vorkommen, die mir aus der natürlichen Welt bekannt sind. Das heißt für mich, dass die Orte, Gegenstände und Personen in meinen Träumen Entsprechungen für bestimmte Bereiche in meinem Gemüt sein müssen. Und wenn ich mich mit der Entsprechungslehre supergut auskennen würde, dann könnte ich durch meine Träume sehr viel über mein Unterbewusstsein erfahren. Es heißt ja nicht umsonst, dass die Träume ein Tor zur Seele sind.

So ähnlich wie im Traum stelle ich mir das Leben der Geistmenschen nach dem Ablegen ihrer irdischen Körper vor.

Wenn Swedenborg in seinen Werken schreibt, dass der Mensch, nachdem er auf der Erde gestorben ist, in eine Welt kommt, die sich von seiner bisherigen Umgebung kaum unterscheidet, dann betrachte ich das als eine Bestätigung für meine Theorie, dass der Geistmensch im Jenseits sein Inneres sozusagen nach außen projiziert. Es erscheint ihm so, als ob er dieses oder jenes wie in der natürlichen Welt sieht, hört, schmeckt, riecht oder fühlt, doch in Wirklichkeit sind die Situationen, die er dort erlebt, nichts weiter als aus seinem Inneren aufsteigende bildhafte Visualisierungen.

„Okay", unterbreche ich sanft Sabrinas Ausführungen und sage: „das mit dem Traum als Beispiel dafür, dass der Verstorbene sozusagen in seiner eigenen Welt weiterlebt, kann ich irgendwie nachvollziehen. Ich bekomme auch eine Ahnung, was mit den Begriffen Himmel und Hölle gemeint sein könnte. Aber das mit dem Geisterreich habe ich immer noch nicht verstanden. Wie soll ich mir das Ganze vorstellen?"

„Na ja", sagt Sabrina, „ich denke, um verstehen zu können, was mit einem frisch Verstorbenen im Geisterreich geschieht, muss man einfach bedenken, dass bei fast allen Menschen dieser Erde eine Diskrepanz zwischen dem Wollen und den von seinem Verstand erkannten Wahrheiten besteht.

Ein vielleicht etwas drastisches Beispiel hierfür wäre vielleicht das Vorstandsmitglied einer Atomstrom produzierenden Elektrizitätsgesellschaft. Obwohl die Atomkraftwerksbetreiber genau wissen, dass sie keine hundertprozentige Sicherheit der Atommeiler garantieren können und das Problem der Endlagerung des Atommülls nicht gelöst haben, würden sie am liebsten noch viele AKWs bauen. Dazu kommt noch, dass sie natürlich auch wissen, dass der weltweite Vorrat an spaltbarem Material nur noch 80 - 100 Jahre[43] lang reicht. Dennoch ist ihre Liebe zu materiellem Wohlstand, Macht und Geld größer als der Skrupel wegen des Wissens, dass ihre Kinder und Enkel dereinst große Probleme mit den Hinterlassenschaften der Atomwirtschaft haben werden.

Mit anderen Worten ausgedrückt, die Selbstliebe dieser Menschen ist so ausgeprägt, dass sie die objektiven Wahrheiten bezüglich der Gefahren für die Menschheit ignorieren und sich lieber im Falschen begründen.

---

[43] Die wirtschaftlich förderbaren Uranreserven (definiert durch den maximalen Förderpreis pro Kilogramm nach heutigem Stand der Technik) wurden von der Internationalen Atomenergie Organisation (IAEA) und der OECD Nuclear Energy Agency (NEA) im Jahr 2006 im so genannten Red Book ausgewiesen. Demnach sind – je nach Höhe der unterstellten Förderkosten (Maximum bei 130$/kg) und der Sicherheit ihrer Erfassung – insgesamt noch zwischen 1,73 und 9,4 Millionen Tonnen Uran vorhanden. Bei der aktuellen Verbrauchsrate stehen die weltweiten Uranreserven noch ca. 70 Jahre lang zur Verfügung. [Wikipedia]

Selbstverständlich ist dieses Phänomen nicht nur auf Spitzenmanager begrenzt. Fast jeder Mensch macht Dinge wider besseres Wissen und redet sich ein, dass sie gut für ihn und seine Mitmenschen sind. Er raucht und ignoriert das Wissen um die möglichen Folgen. Seine Existenzängste reduzieren im Job die Hemmschwelle, sich an Mobbingaktionen zu beteiligen und dabei den möglichen Arbeitsplatzkonkurrenten auch noch Mitgefühl vorzuheucheln.

Diese Beispiele zeigen, dass der natürliche Mensch gewisserart eine gespaltene Persönlichkeit hat. Das, was ihm durch seine Familie, die Schule und sein Umfeld als wahr und richtig erklärt wurde, korrespondiert oftmals nicht mit dem, was er für sich als angenehm und gut empfindet. Die Folge davon ist, dass er sich häufig seiner Umwelt gegenüber ganz anders verhält, als es seinen aus dem inneren des Gemüts aufsteigenden Wünschen entspricht. Das aus dem Verstand entspringende Denken steht oft nicht im Einklang mit seinem aus dem Willen entspringenden Handeln.

Wenn nun der Mensch diese Welt verlässt und im jenseitigen Geisterreich ankommt, dann nimmt er in seinem Gemüt diese Spaltung zwischen seinem Willen und seinem Verstand mit.

Nun ist es aber laut Swedenborg von der göttlichen Vorsehung so eingerichtet, dass der Geistmensch weder im Himmel noch in der Hölle ein geteiltes Gemüt haben darf.

Von daher muss jeder Bewohner der jenseitigen Welt einen Gemütszustand erreichen, in dem das, was er will, von seinem Verstand als wahr erkannt wird, und das, was er als wahr erkennt, muss er auch wollen. Der Mensch muss also im Geisterreich die aus der natürlichen Welt mitgebrachte Unart, das eine zu erkennen und etwas anderes zu wollen, ablegen. Nur dann, wenn er das Gute will und das Wahre einsieht, kann er in einen himmlischen Zustand kommen.

Als Quintessenz meiner Ausführungen würde ich sagen, dass die Harmonisierung des Willens mit dem Verstand deshalb notwendig ist, damit der Geistmensch einen Zustand erreichen kann, in dem die von ihm erlebte Welt mit seinem Innersten übereinstimmt. Denn um sich in der anderen Welt weiter entwickeln zu können, ist es für den Geistmenschen unumgänglich, dass alles, was er sieht, hört, schmeckt usw., mit seinem Inneren korrespondiert.

Der Grund hierfür liegt darin, dass der Wille des Geistmenschen sein eigentliches Sein ausmacht, während der Verstand seinem Dasein entspricht[44].

Und weil es in der jenseitigen Welt keine Materie gibt, durch die sich der Verstorbene ausdrücken kann, ist der Verstand des Geistmenschen der Part, durch den der Wille seine Schöpfungen in das Dasein stellen kann. Oder um es mit Emanuel Swedenborg auszudrücken: „Das Gute, welches Sache des Willens ist, bildet sich im Verstande und stellt sich sichtbar dar."

Nur wenn Wille und Verstand des Geistmenschen im Guten und Wahren bzw. im Bösen und Falschen eine Einheit bilden, kann für den Geist aus seinem Sein ein reales Dasein erwachsen. Begründet sich das Sein des Menschen im Guten und Wahren, wird er sein Dasein in himmlischer Art visualisieren und erleben. Begründet sich das Sein des Menschen im Bösen und Falschen, wird sich sein Dasein in höllischer Art und Weise visualisieren.

So gesehen stellt das Geisterreich einen Lebensabschnitt des Geistmenschen dar, den er zur Aufhebung seiner Persönlichkeitsspaltung benötigt. Erst wenn sein Wille und sein Verstand bzw. seine Lebensliebe und seine Weisheit sozusagen mit einer Zunge sprechen, kann er ein Bewohner des Himmels bzw. der Hölle werden."

---

[44] „Nichts ist wichtiger zu wissen, als wie Wille und Verstand ein Gemüt ausmachen; sie machen ein Gemüt aus, wie das Gute und das Wahre Eins ausmachen; denn es besteht eine gleiche Ehe (Verbindung) zwischen Willen und Verstand, wie zwischen dem Guten und Wahren; welcherlei diese Ehe ist, wird aus dem erhellen, was gleich nachher vom Guten und Wahren angeführt werden wird, dass nämlich wie das Gute das eigentliche Sein der Sache ist, und das Wahre das Existieren der Sache von daher ist, so der Wille bei dem Menschen das eigentliche Sein seines Lebens, und der Verstand das Existieren des Lebens von daher ist; denn das Gute, das Sache des Willens ist, bildet sich im Verstande und stellt sich sichtbar dar." [WCR 397]

Ihre Schläfen reibend lehnt sich Sabrina langsam in ihrem Sitz zurück und sagt zu mir mit einer leicht erschöpften Stimme: „Leider fällt mir zu deiner ziemlich schweren Frage nichts mehr ein."

Und dann fügt sie noch hinzu: „Ich hoffe, dass du trotzdem mit meinen unsortierten Gedanken etwas anfangen kannst."

„Na ja", sage ich nachdenklich, „ich muss leider gestehen, dass mir ein wenig der Kopf brummt. Von daher schlage ich vor, dass wir mal eine kurze Pause einlegen, in der ich euch gerne zu einem Keksriegel einladen möchte."

Ohne das freundliche Nicken der beiden abzuwarten, stehe ich auf, und hole aus der Seitentasche meines Koffers ein Päckchen Schokokeksriegel heraus. Nach dem kurzen Kampf mit der nur mühsam zu öffnenden Zellophan Verpackung biete ich den beiden einen Keksriegel an, der mit Freude angenommen wird.

Langsam den Riegel im Mund zergehen lassend sinniere ich über das eben Gehörte nach.

Offensichtlich scheint es für die beiden eine ausgemachte Sache zu sein, dass der Mensch nach seinem leiblichen Tod als Geistmensch in ein jenseits von Raum und Zeit befindliches Geisterreich hinübergeht. Damit der Geistmensch seine aus der Lebensliebe entspringende Realität wahrnehmen kann, scheint es dort wohl sehr wichtig zu sein, dass die Trennung zwischen dem, was der Mensch will und dem, was er bisweilen denkt, aufgehoben wird.

Irgendwie dämmert es mir, was die beiden in Bezug auf die Örtlichkeiten im Himmel meinen, und dass es von daher logisch erscheint, dass der Mensch diesen Zustand nur dann erreichen kann, wenn zwischen seinem Verstand und seinem Willen bzw. seiner Weisheit und seiner Liebe eine harmonische Einheit besteht.

Aus diesem Blickwinkel gesehen kann ich nachempfinden, dass der jenseitige Himmel kein Ort in den unendlichen Weiten des Kosmos ist. Vielmehr scheint es wohl so zu sein, dass Himmel und Hölle pseudonyme Begriffe für innere psychologische Vorgänge in der menschlichen Seele sind.

Während ich aus dem Fenster schauend so über das eben Gehörte nachdenke, ertappe ich mich dabei, wie ich die Möglichkeit in Betracht ziehe, dass es einen Gott geben könnte. Natürlich fallen mir sofort eine Menge Aspekte ein, die gegen die Existenz eines Gottes sprechen. Besonders ärgert es mich, wenn von einem lieben Gott gesprochen wird, wo es doch soviel Not und Leid auf dieser Welt gibt.

Und so sage ich zu den beiden: „Ich denke, eure Theorien über den Himmel und die Hölle habe ich einigermaßen verstanden. Aber dennoch bin ich noch nicht von der Existenz eines Gottes überzeugt. Denn wenn es einen Gott gäbe, warum lässt er dann soviel Not und Leid auf dieser Welt zu? Wie kann euer Gott es zulassen, dass selbst Christen bei schweren Naturkatastrophen nicht nur ihr Hab und Gut, sondern auch viel zu oft ihr Leben verlieren?"

Irgendwie scheint dies eine gute Frage zu sein, denn die Ruhe unserer kleinen Kekspause wandelt sich plötzlich in eine knisternde Stille. Es dauert eine ganze Weile, bis Peter das Wort ergreift.

„Nun ja", sagt er zögerlich, „ich muss zugeben, dass die zunehmenden Naturkatastrophen, die globale Umweltverschmutzung mit ihren furchteinflößenden Begleiterscheinungen und die schrecklichen Kriege, welche noch immer auf unserer Erde toben, sicherlich nicht sehr hilfreich sind, um an einen liebenden Gott zu glauben. Wenn ich dann noch an die vielen unheilbaren Krankheiten, die zunehmende Verrohung der Menschen und die vielen persönlichen Schicksalsschläge denke, dann kann ich deine Bedenken durchaus nachvollziehen.

Dennoch bin ich fest davon überzeugt, dass es einen Gott gibt, der sich persönlich um die Geschicke eines jeden einzelnen Menschen kümmert. Einen Gott, dem sehr viel daran gelegen ist, dass jeder Mensch ein Bewohner des höchsten Engelhimmels wird."

Und auf seine Uhr schauend sagt er: „Bis nach Nürnberg haben wir ja noch etwas Zeit, von daher kann ich gerne versuchen, diesen aus meiner Sicht scheinbaren Widerspruch aufzuklären."

„Eine Antwort auf meine Frage fällt dir wohl schwer?", frage ich ihn mit einem leichten Schmunzeln im Gesicht.

„Das nicht unbedingt", antwortet Peter ganz ruhig, „aber, so wie ich dich inzwischen kennengelernt habe, gibst du dich mit einer einfachen Antwort nicht zufrieden. Von daher muss ich leider etwas weiter ausholen, um dir meine Sichtweise verdeutlichen zu können."

„Ich habe Zeit", sage ich aufmunternd zu ihm und so fährt Peter mit seinen Ausführungen fort: „Um verstehen zu können, warum nach meinem Verständnis Gott soviel Not und Leid auf dieser Erde zulässt, ist es wichtig, den Endzweck der göttlichen Schöpfung zu kennen. Denn wenn ich nicht weiß, warum und wozu Gott eine Schöpfung in das Dasein gestellt hat, kann ich auch nicht verstehen, warum Er soviel Not und Leid zulässt.

Laut Swedenborg besteht der Endzweck der Endzwecke, also das von Gott angestrebte Ziel der Ziele darin, einen Engelhimmel aus dem menschlichen Geschlecht[45] zu bilden. Man könnte auch sagen, dass Gott die geistige und die natürliche Schöpfung einzig und allein deshalb in das Dasein gestellt hat, damit ein Engelhimmel aus dem menschlichen Geschlecht gebildet werden kann.

Der Grund, warum Gott solch einen Engelhimmel in das Dasein stellen wollte, ist in der Natur der göttlichen Liebe zu suchen. Es entspricht dem Naturell der wahren Liebe, dass sie weder in sich ruhen, noch innerhalb ihrer eigenen Grenzen eingeengt werden kann. Sie hat den unbändigen Drang in sich, herauszugehen und andere mit Liebe

---

[45] Der allerallgemeinste Endzweck, welcher der Endzweck der Endzwecke ist, ist in Gott; derselbe geht von Gott aus, von den ersten Dingen der geistigen Welt bis zu den letzten der natürlichen Welt; und aus diesem letzten kehrt er wieder zurück zu den ersteren und so zu Gott. Jener allerallgemeinste Zweck oder der Endzweck der Endzwecke von Gott ist ein Engelhimmel aus dem menschlichen Geschlecht. [Hauptlehren der neuen Kirche, Kap. 7]

zu umfassen. Die wahre Liebe will mit anderen verbunden werden und ihnen das Ihrige mitteilen und geben.

Damit sich die göttliche Liebe ihrem eigentlichen Wesen gemäß mit anderen verbinden und ihnen das Ihrige mitteilen kann, musste von Gott ein Weltall erschaffen werden, in dem sich Erdkörper befinden, auf deren Oberfläche Menschen mit Gemütern und Seelen[46] leben, die sich mit der göttlichen Liebe vereinigen können. Von daher hat alles, was Gott im Weltall erschaffen hat, einen Bezug auf den Menschen als seinen Endzweck.

In dieser Schöpfungsebene durchleben die Menschen unserer Erde ihre Ängste, Nöte, aber auch Freuden und Glück solange, bis sie diese Daseinsebene verlassen und nach ihrem leiblichen Tod als Geistmenschen in der jenseitigen Welt weiterleben. Dort können sie sich solange weiter entwickeln, bis sie das eigentliche Ziel der göttlichen Schöpfung erreicht haben und ein Bewohner des höchsten Engelhimmels geworden sind. Und weil der Engelhimmel aus Geistmenschen und deren Seelen gebildet wird, bezieht sich alles, was von Gott erschaffen worden ist, auf den Engelhimmel als den Endzweck seiner Schöpfung.

Ist der Geistmensch ein Bewohner des Engelhimmels geworden, dann genießt er ewige Seligkeiten, Glückseligkeiten und Freuden, denn der Engelhimmel ist die eigentliche Wohnstätte Gottes bei den Menschen und des Menschen bei Gott. Diese ewigen Seligkeiten, Glückseligkeiten und Freuden sind Endzwecke der Schöpfung, weil sie der göttlichen Liebe entspringen."

„Na das hört sich ja wieder mal sehr kompliziert an", unterbreche ich die Ausführungen von Peter, „könntest du mir das Ganze bitte ein bisschen einfacher erklären?"

---

[46] Nach Swedenborg besteht der Mensch aus einer Dreiheit. Der Seele, die dem Innersten des Menschen entspricht, dem Gemüt, welches dem Inneren des Menschen entspricht und dem irdischen Körper, der dem äußeren des Menschen entspricht. Der materielle Körper wird von der Seele und dem Gemüt lediglich in der Zeit benötigt, wo der aus Seele und Gemüt bestehende Geistmensch über die Erde wandelt. Nach dem Tod des Leibes leben Seele und Gemüt in der jenseitigen Welt weiter.

Bevor Peter seine Gedanken weiter ausführen kann, ergreift Sabrina das Wort und sagt mit einem ziemlich nachdenklichen Gesicht zu ihrem Vater: „Ich muss ehrlich zugeben, dass ich deinen Worten auch nicht so ganz folgen konnte. Für mich sind diese Gedanken mal wieder viel zu theoretisch. Wenn es für euch okay ist, dann würde ich gerne mal den Versuch unternehmen, das, was ich verstanden habe, mit eigenen Worten wiederzugeben."

Unser Kopfnicken als Zustimmung verstehend führt Sabrina weiter aus:

„Ich glaube, du wolltest zum Ausdruck bringen, dass es sich mit der Liebe Gottes nicht wesentlich anders als mit der Liebe des Menschen verhält. Auch die göttliche Liebe benötigt genauso wie wir ein Gegenüber, das sie umwerben, liebkosen und für sich gewinnen kann.

Aus der Bibel weiß ich, dass es sich bei dem Gegenüber Gottes um uns Menschen handelt. Was nach meinem Verständnis auch gar nicht anders sein kann, denn nur der Mensch besitzt die Fähigkeit, die göttliche Liebe als solche zu erkennen und sie, wenn er es will, freiwillig zu erwidern. Pflanzen und Tiere sind zwar auch Lebewesen, die mehr oder weniger Gefühle zum Ausdruck bringen können, aber im Gegensatz zum Menschen sind sie nicht in der Lage, Gott aus einer freien Entscheidung heraus zu lieben. Außerdem ist es ihnen nicht vergönnt, nach dem Übergang in die jenseitige Welt als Geistwesen ein Bewohner des Engelhimmels zu werden, was laut Swedenborg das Endziel der göttlichen Schöpfung ist.

Wenn - wovon ich ausgehe - die Aussagen Swedenborgs bezüglich des Engelhimmels stimmen, dann scheint es mir völlig logisch zu sein, dass Gott in Seiner Schöpfung von Anbeginn der Zeit alles so eingerichtet hat, dass zur rechten Zeit Galaxien, Sonnen und Erdkörper entstehen konnten. Und weil der Mensch auf einer wasserlosen von vegetationslosen Wüsten durchzogenen Erde nicht wirklich gut leben kann, musste Gott lange vor der Entstehung von Planeten die Naturgesetze so einrichten, dass auf unserer Erde Pflanzen, Tiere und Menschen gedeihen können. Bekanntlich hat Gott hierfür viele Erdbildungsperioden gebraucht, was von vielen Wissenschaftlern fälschlicherweise als Beweis für die Evolutionstheorie verstanden wird.

Als dann die Flora und Fauna der Erde weit genug entwickelt war, konnte Gott Sein Lieblingsprojekt verwirklichen und das erste Menschenpaar in das Dasein stellen. Damit hatte Er die Grundvoraussetzung zur Erschaffung eines Engelhimmels aus dem Menschengeschlecht geschaffen.

Mit anderen Worten, ohne die von langer Hand geplante Erschaffung von Materie, Galaxien, Sonnen und Erdkörpern würde es keine Menschen und somit keinen Engelhimmel aus dem Menschengeschlecht geben."

Mit einem fragenden Gesichtsausdruck auf Peter blickend sagt sie noch: „Was das jetzt aber mit der Not und dem Leid zu tun hat, welche so viele Menschen auf dieser Erde erleiden müssen, das kann ich aus deinen Worten im Moment noch nicht erkennen."
Nach einem etwas lang gezogenen „Ja, Sabrina", sagt Peter mit leicht gekräuselter Stirn, „in gewisser Weise hast du deine Frage schon selbst beantwortet, als du davon gesprochen hast, dass der Mensch die Fähigkeit besitzt, die göttliche Liebe als solche zu erkennen und sie, wenn er es will, freiwillig zu erwidern. Wobei das Stichwort hierbei – freiwillig – heißt.

Wenn man Swedenborg etwas freier interpretiert, dann besteht der Endzweck der göttlichen Schöpfung darin, dass Gott sich selbst ein Gegenüber in das Dasein gestellt hat, um es mit Seiner Liebe umfassen zu können. Natürlich macht dies nur dann einen Sinn, wenn das Gegenüber in der Lage ist, die von Gott ausgestrahlte Liebe zu empfangen und auch zu erwidern.

Dieses Gegenüber ist der Mensch bzw. der Geistmensch in der jenseitigen Welt. Nur er allein hat als einziges Geschöpf die Begabung, Liebe nicht nur empfangen, sondern auch verschenken zu können. Und dies nicht nur weil er Gott, einer Marionette gleich, lieben muss, sondern aus einem freien von Gott unabhängigen Willen heraus. Nur der menschliche Geist hat das Vermögen, die Existenz eines Gottes anzuerkennen bzw. abzulehnen. Er kann Gott lieben, er kann Gott hassen und er kann die Existenz Gottes völlig ignorieren.

Natürlich war und ist es selbst für einen Gott nicht so einfach, aus den Substanzen Seiner Liebe und Weisheit ein Wesen zu erschaffen, das einen freien Willen hat.

Dazu musste Er während vieler Schöpfungsperioden die materiellen und geistigen Voraussetzungen dafür schaffen, dass auf der Erde Menschen mit einem freien Willen leben können. So hat Er z. B. als Lebensgrundlage für die Menschen ein stabiles Sonnensystem, die Erde, Luft, Wasser, Pflanzen, Tiere, einen Leib und vieles mehr erschaffen. Außerdem musste Gott auch noch die ganzen physikalischen, chemischen und biologischen Naturgesetze ins Dasein stellen, ohne die ein Leben auf der Erde gar nicht möglich wäre.

Neben den materiellen Voraussetzungen für die Existenz eines mit einem freien Willen ausgestatteten Menschen musste Gott das Gemüt des Menschen mit einigen hierfür notwendigen Eigenschaften ausstatten.

Die erste von Gott gegebene Eigenschaft ist die, dass der Mensch im Gegensatz zum Tier mit der Fähigkeit zum Wissen und der Neigung zum Lieben geboren wird. Wobei er neben dem Aneignen von Wissen auch das Vermögen zum Verstehen des Wissens erhalten hat. Außerdem ist er in der vollkommenen Neigung geboren, nicht nur das lieben zu können, was sein und der Welt, sondern auch das, was Gottes und des Himmels ist.

Des Weiteren hat Gott das Gemüt des Menschen so eingerichtet, dass es sich ständig zwischen zwei entgegengesetzten Einflussebenen befindet. Da ist einerseits der ständige Einfluss aus der natürlichen Welt mit ihren auf sinnliche Eindrücke und Erfahrungen reduzierten Lebens- und Erkenntnisebenen.

Andererseits fließt beständig aus der Welt jenseits von Raum und Zeit die göttliche Liebe und Weisheit in die tieferen Schichten des menschlichen Gemüts ein.

So gesehen ist der irdische Mensch ein Bewohner zweier Welten. Die durch seinen Körper beeinflussten Gemütsbereiche sind sehr stark mit der natürlichen Welt verknüpft, während seine tieferen Gemütsbereiche über die Seele mit der geistigen Welt verbunden sind.

Swedenborg würde sagen, dass das Gemüt des Menschen inwendig geistig und auswendig natürlich ist, wodurch der Mensch durch sein Inwendiges mit der geistigen Welt und durch sein Auswendiges mit den Menschen der natürlichen Welt verkehrt.

Die dritte von Gott gegebene Eigenschaft besteht darin, dass der Mensch die Liebe und das Leben in sich als sein Eigentum empfindet[47]. Dieses Empfinden gibt ihm die Freiheit ganz wie aus sich heraus tätig zu sein. Hierbei gilt es zu bedenken, dass alles Freie der Liebe angehört, denn was der Mensch liebt, das tut er in Freiheit. Von daher ist auch alles Freie eine Sache des Willens; denn was der Mensch liebt, das will er auch. Und weil die Liebe und der Wille das Leben des Menschen ausmachen, so macht auch das Freie das Leben aus. Von daher kommt es auch, dass dem Menschen das, was er aus der Freiheit tut, wie aus seinem Eigenen kommend erscheint."

Nach einem kurzen Stocken fährt Peter weiter fort: „Ich merke schon, ich bin mal wieder ein wenig ins Theoretisieren gekommen. Deshalb möchte ich das eben Gesagte mit wenigen Worten zusammenfassen."

„Ja, bitte", werfe ich ein.

---

[47] Den freien Willen hat der Mensch von daher, dass er das Leben in sich als das seinige empfindet und dass Gott den Menschen so empfinden lässt, damit eine Verbindung erfolge, die nicht möglich wäre, wenn sie nicht wechselseitig wäre, und wechselseitig wird sie, sobald der Mensch aus der Freiheit heraus ganz wie aus sich tätig ist. Hätte Gott dem Menschen dies nicht gelassen, so wäre der Mensch nicht Mensch, noch hätte er ewiges Leben; denn die wechselseitige Verbindung mit Gott macht, dass der Mensch Mensch ist und nicht Tier, sowie auch, dass er nach dem Tode ewig fortlebt - der freie Wille in geistigen Dingen bewirkt dies. [WCR 504]

„Also", sagt Peter mit ernster Miene, „letztendlich ist die Willensfreiheit ein Geschenk Gottes an den Menschen, durch das er ein selbstbestimmtes Leben führen kann. Dazu musste Gott zum einen die materiellen und innermenschlichen Voraussetzungen schaffen, damit der Mensch überhaupt auf dieser Erde leben kann, und zum anderen musste Er die physikalischen, chemischen, biologischen und geistigen Gesetze in das Dasein stellen, durch die alles in der Schöpfung zusammengehalten wird.

Im Zusammenhang mit der Frage, warum Gott soviel Not und Leid zulässt, ist wohl das wichtigste Gesetz jenes, welches besagt, dass sich Gott an Seine eigenen Gesetze halten muss. Wahrscheinlich würde es zu einem absoluten Chaos führen, wenn Gott wankelmütig wäre und Seine Schöpfungsgesetze heute mal so und morgen mal ein bisschen anders gestalten würde.

Natürlich ist es auch mit der göttlichen Liebe und Weisheit völlig unvereinbar, wenn Gott nur ein kleines bisschen an dem Gesetz der Willensfreiheit rütteln würde. Der Endzweck Seiner Schöpfung – ein Engelhimmel aus dem Menschengeschlecht zu erschaffen – wäre unerreichbar, denn nur freie Menschen bzw. Geistmenschen sind in der Lage, die Liebe Gottes aufzunehmen und freiwillig Gott über alles und ihren Nächsten wie sich selbst zu lieben.

Und genau hier liegt das Problem. Gott kann und darf, um des höheren Zieles wegen, nicht unmittelbar in die Geschicke der Menschen eingreifen. Wenn nun die Menschen aus ihrem freien Willen heraus wider die Naturgesetze handeln, dann dürfen sie sich nicht wundern, dass bisweilen Not und Leid über sie kommen. Wenn sie aus Dummheit und Habgier die Umwelt verschmutzen, dann kann Gott nichts dafür, wenn es zu einer globalen Erderwärmung mit ihren katastrophalen Folgen kommt. Wenn aus Profitgier und Hochmut ein Volk das Nachbarvolk mit einem Krieg überzieht, dann ist es unfair, Gott dafür die Schuld zu geben. Und wenn sich die Menschen ungesund ernähren, ein ausschweifendes Leben führen und weder auf ihren Körper noch auf ihr Gemüt irgendwelche Rücksichten nehmen, dann trägt Gott ganz bestimmt keine Schuld daran, wenn die Menschen krank werden, bisweilen qualvolle Schmerzen ertragen müssen und manchmal viel zu früh sterben."

Offensichtlich hat Peter seine Ausführungen beendet, denn er lehnt sich in seinen Sitz zurück und schaut mich fragend an.

Für kurze Zeit kehrt in dem Abteil Stille ein und ich kann mir die Worte der beiden noch einmal kurz durch den Kopf gehen lassen.

Bei genauerem Nachdenken finde ich die Gedanken von Peter schon recht bemerkenswert. Wahrscheinlich wäre ich im Leben nicht darauf gekommen, dass Gott die gesamte Schöpfung nur deshalb erschaffen haben könnte, damit er die von ihm in das Dasein gestellten Menschen mit seiner Liebe umfassen kann. Wenn man diesen Gedanken weiterspinnt, dann wäre es durchaus nachvollziehbar, warum der Mensch die Willensfreiheit haben muss. Denn selbst ein Gott kann keine Freude daran haben, willenlose Menschen zu lieben, die marionettengleich all das tun, was er als ihr Schöpfer von ihnen will. Aber dennoch kann es doch nicht angehen, dass dieser Gott soviel Not und Leid zulässt. Und so sage ich laut denkend zu Sabrina:

„Wenn das stimmt, was Peter über die Willensfreiheit erzählt hat, dann könnte ich mir schon vorstellen, dass euer Gott nur dann eine Freude an seinen Geschöpfen hat, wenn sie einen freien Willen haben.

Und dass der freie Wille des Menschen nur dann ein freier Wille ist, wenn der Geber des freien Willens nicht in die selbstverschuldeten Katastrophen der Menschen eingreift, kann ich auch noch irgendwie nachvollziehen.
Aber wie lässt sich die Liebe Gottes damit vereinbaren, dass so viele unschuldige Kinder kurz nach der Geburt sterben? Und was ist mit den Kindern, die Leukämie haben und nach vielen Torturen im Krankenhaus sterben müssen?

Wie kann es ein liebender Gott zulassen, dass friedliebende Menschen plötzlich, ohne jegliche Vorwarnung, vielleicht noch in der Kirche sitzend, von einem schweren Erdbeben dahingerafft werden?"

Nachdenklich an ihrem Ohrring spielend antwortet Sabrina zögerlich:

„Na ja, ... wenn ich ehrlich sein soll, dann kann ich deine Bedenken sehr gut nachempfinden. Mir gelingt es in den meisten Fällen auch nicht wirklich, die verschlungenen Pfade der göttlichen Vorsehung zu verstehen.

Natürlich hat mein Vater recht, wenn er sagt, dass Gott nun wirklich nichts dafür kann, wenn die Menschen bar jeglicher Vernunft ganze Städte an den Füßen von Vulkanen oder auf irgendwelchen Erdspalten bauen. Wenn ich daran denke, dass z. B. die Stadt San Francisco direkt auf der San-Andreas-Verwerfung gebaut wurde, dann kann man doch Gott nicht dafür verantwortlich machen, wenn es dort in naher Zukunft zu einem verheerenden Erdbeben mit vielen Toten und Verletzten kommen wird.

Bevor ich aber etwas zu deinen Gedanken bezüglich der Kinder sage, möchte ich doch noch kurz auf einen anderen Aspekt zu sprechen kommen, der mir in diesem Zusammenhang sehr wichtig erscheint.

Wie ich vorhin schon sagte, glaube ich fest daran, dass Gott ein liebevoller und gerechter Gott ist. Von daher stellt sich natürlich die Frage, welchen Stellenwert das Leid und die Not des Menschen für Gott haben.

Ich denke, dass die Einstellung Gottes zu dieser Problematik nicht mit unserer im Natürlichen begründeten Sichtweise zu vergleichen ist. Der Mensch neigt dazu, die Begriffe Not und Leid mit materiellen Mangelerscheinungen und Krankheiten in Verbindung zu bringen. So spricht er von Not, wenn er kein oder zu wenig Geld hat, um sich ausreichend mit Nahrung, Kleidung und den sonstigen zum Leben notwendigen Utensilien zu versorgen. Und der Begriff Leid wird meist dann verwendet, wenn der Mensch mehr oder weniger starken körperlichen oder seelischen Schmerzen ausgesetzt ist.

Mit anderen Worten, alles was wehtut oder mit sonstigen unangenehmen Gefühlen verbunden ist, empfindet der Mensch als Not und oder

Leid. Die Folge davon ist, dass er sehr viel Kraft und Zeit dafür aufwendet, um sich gut zu fühlen, während der Kraftaufwand, den der Mensch aufbringt, um für die Ewigkeit gewappnet zu sein, eher gering ausfällt.

Gott hingegen betrachtet die Entwicklung des Menschen aus einer ganz anderen Perspektive. Für Ihn hat es höchste Priorität, dass die Gemüter der Menschen einen Zustand erreichen, durch den sie zu Bewohnern des Engelhimmels werden können. Denn nur in der geistigen Welt kann der Mensch die ewigen Freuden und Glückseligkeiten erfahren und genießen, welche die Liebe Gottes für ihn bereithält. So gesehen betrachtet Gott das Erdenleben des Menschen letztendlich als ein Mittel zum Zweck.

Die Erde stellt für Ihn gewissermaßen ein Schulhaus dar, das der Mensch besuchen muss, um für die Ewigkeit gerüstet zu sein. Und so wie es in der irdischen Schule gute, mittelmäßige und schlechte Schüler gibt, so ist es auch mit der Ausbildung der menschlichen Gemüter bestellt. Es gibt einige Gemüter, die sehr schnell eine innige Beziehung zu Gott aufbauen können, während die meisten Gemüter ein mehr oder weniger laues Verhältnis zu Gott haben. Dann gibt es noch diejenigen Gemüter, die Gott völlig ablehnen und Ihn geradezu hassen.

Für all diese Menschen muss Gott Rahmenbedingungen anbieten, damit sie sich frei entwickeln können. Und so hat Gott alles so eingerichtet, dass jeder Mensch auf dieser Erde in das Netz der göttlichen Vorsehung eingebunden ist.

Durch dieses Netz ist es Gott möglich, gewisse Umweltparameter für jeden Menschen vorzusehen, ohne dass dieser in seiner Willensfreiheit eingeengt wird. So ist es sicherlich kein Zufall, zu welchem Zeitpunkt, an welchem Ort, in welcher Familie und unter welchen äußeren Umständen ein Mensch geboren wird. Bereits durch diese vom Neugeborenen nicht beeinflussbaren äußeren Gegebenheiten bekommt das Gemüt des Menschen für seine Entwicklung wichtige Impulse.

Später weiß dann die göttliche Vorsehung alles so einzurichten, dass der Mensch 'ganz zufällig' mit Begebenheiten, Menschen, Fernsehsendungen, Büchern usw. konfrontiert wird, durch die er Erfahrungen sammeln kann und dabei nicht selten dazu angeregt wird, über seine Lebensperspektiven nachzudenken. Auch die im Alter zunehmenden körperlichen Gebrechen sowie die in der Mitte des Lebens stattfindenden Persönlichkeitskrisen wie die Wechseljahre für uns Frauen und die Midlife-Crisis für euch Männer, tragen dazu bei, dass sich der Mensch über die Vergänglichkeit seines Körpers bewusst werden kann.

Zum Glück habe ich in meinem Leben noch keine wirklich schlimmen Dinge erleben müssen, aber die vielen kleineren und größeren Katastrophen, welche mir im Laufe der Zeit widerfahren sind, lassen mich rückwirkend erkennen, dass mein Handeln und Wirken immer in das Netzwerk der göttlichen Liebe und Weisheit eingebettet war. Irgendwie schafft Gott es immer wieder, alles in meinem Leben so zu fügen, dass in allem, was mir begegnet, der Impuls zu meiner persönlichen Weiterentwicklung enthalten ist. Wenn ich ehrlich sein soll, dann liegt es letztendlich nur an mir, ob ich aus den äußeren oder inneren Erlebnissen etwas lerne oder nicht.

Auch meine aus Gründen der Willensfreiheit von Gott zugelassenen kleinen Unglücke, wie z. B. der Fahrradunfall, den ich vor zwei Jahren hatte, haben sich im Nachhinein als sehr vorteilhaft für meine Persönlichkeitsentwicklung herausgestellt. Ich bin seitdem nicht nur im Straßenverkehr, sondern auch im Umgang mit Menschen viel umsichtiger geworden.

Durch das Lesen in der Bibel, die Auseinandersetzung mit Swedenborg und meine eigenen Lebenserfahrungen, bin ich zu der Erkenntnis gelangt, dass jeder Mensch mit seiner Umwelt so vernetzt ist, dass er alle Impulse für seine individuelle Weiterentwicklung bekommt. Natürlich erhält er dabei auch Impulse, um sich für die jenseitige Welt vorbereiten zu können. Nur Gott allein weiß, wann ein im Diesseits lebender Mensch das Optimum seiner Gemütsentwicklung erlangt hat.

So wie ich das verstehe, hat es die göttliche Vorsehung so eingerichtet, dass es immer dann, wenn dieses Optimum erreicht ist, keinen Grund mehr dafür gibt, dass sich der Mensch weiterhin in der Körperwelt aufhalten muss. Das Gleiche gilt auch für Menschen, bei denen von Gott voraussehbar ist, dass ihr Gemüt einen Zustand erreicht hat, in dem es sich immer mehr im Bösen und Falschen verstrickt, sodass nur noch eine negative Gemütsentwicklung möglich ist. Bevor sich solch ein Mensch den Weg zur ewigen Glückseligkeit völlig verbaut, entlässt ihn Gott aus der Schule des irdischen Lebens.

Die göttliche Vorsehung hat es so eingerichtet, dass jeder Mensch nur solange auf dieser Erde verweilen muss, wie es für seine Gemütsbildung förderlich ist. Dabei kann es durchaus vorkommen, dass besonders zarte Gemüter nur eine ganz kurze Zeit hier bleiben, während andere Gemüter hier über einhundert Jahre ausharren müssen. Wenn man einmal vom Selbstmord absieht, wird der Zeitpunkt des Todes, bzw. der Hinübergang in die geistige Welt, von Gott bestimmt. Nur Er allein weiß, wann der maximale Ausbildungsgrad für das jeweilige Gemüt erreicht ist."

An dieser Stelle kann ich meine zunehmende innere Anspannung nicht mehr bremsen und ich falle in den Redefluss von Sabrina mit den Worten ein: „Du Sabrina, entschuldige bitte, wenn ich dich unterbreche, aber hier muss ich doch mal kurz nachfragen."

Mit den Worten: „Ja bitte", lehnt sich Sabrina zurück und schaut mich erwartungsvoll an.

„Wenn ich dich richtig verstanden habe", nehme ich meinen Gedanken wieder auf, „dann willst du mit deinen Worten zum Ausdruck bringen, dass unser ganzes Erdenleben nur dazu da ist, um unsere Gemüter auf die Welt nach dem Tod vorzubereiten?"

Das bejahende Kopfnicken von Sabrina registrierend, führe ich weiter aus: „Und um dieses Ziel erreichen zu können, hat dann Gott der menschlichen Willensfreiheit insofern ein Schnippchen geschlagen, als dass sich das Leben der Menschen in einem unsichtbaren

Netz von Lebenswegkreuzungen abspielt. Dieses von dir als göttliche Vorsehung bezeichnete Netz funktioniert dann wohl so, dass Gott schon vor Ewigkeiten damit begonnen hat, die äußeren Parameter so zu justieren, dass jedem Menschen immer wieder rein 'zufällig' die Dinge begegnen, die ihn zu einer Weiterentwicklung in seinem Leben animieren sollen.

Ich kann mir im Moment zwar nicht vorstellen, wie Gott gleichzeitig die Lebenswege von fast 7 Milliarden Menschen so koordinieren will, dass jeder Mensch zur rechten Zeit die richtigen Impulse für seine Gemütsentwicklung erhält, aber selbst wenn alles so ist, wie du es sagst, bleibt immer noch die Frage offen: Was ist denn mit den Babys, die im Wochenbett sterben, ohne jemals die Chance gehabt zu haben, etwas für die Ewigkeit zu lernen?"

Nachdem meine Frage für einige Augenblicke in dem Abteil schwebt, ergreift Peter das Wort und sagt stirnrunzelnd:

„Ja ... mein Lieber, es ist wirklich nicht leicht, auf diese Frage eine befriedigende Antwort zu finden. Rein menschlich kann man sicherlich sehr gut nachempfinden, welche Not und welchen Schmerz Eltern durchleiden müssen, die ihre kleinen Kinder verloren haben. Und sicherlich ist es für diese Eltern auch nicht sehr hilfreich, wenn man in ihrer Gegenwart davon sprechen würde, dass es scheinbar bestimmte Gemütskonstellationen gibt, die nur eine extrem kurze Zeit in dieser Daseinsebene benötigen, um für die andere Welt optimal vorbereitet zu sein.

Es ist für uns Menschen, die wir in einer von Sinneseindrücken dominierten Welt leben, nun einmal sehr schwer, die verschlungenen Pfade der göttlichen Vorsehung als solche zu erkennen, geschweige denn zu verstehen. Und weil wir keine Sinnesorgane haben, durch die wir jenseitige bzw. geistige Realitäten erkennen können, sehen wir es unseren Mitmenschen nicht an, wie lange sie auf dieser Erde leben müssen, um für die Ewigkeit gewappnet zu sein. Aus dem gleichen Grund heraus können wir auch nicht wissen, warum einige Kleinkinder so früh sterben und andere zu uralten Menschen heranwachsen. Natürlich können wir aus eigener Erfahrung auch nicht wissen, was mit den kleinen Kindern in der anderen Welt geschieht. Nun gibt es zwei Möglichkeiten, wie wir mit diesem Problem umgehen können. Entweder wir verzweifeln über diese scheinbaren Ungerechtigkeiten und werfen unseren Glauben an einen liebenden Gott über Bord oder aber wir zapfen das Wissen derjenigen an, die uns glaubwürdig ihre Erfahrungen aus der anderen Welt mitgeteilt haben."

Das Buch »Himmel und Hölle« von der Fensterablage in die Hand nehmend sagt Peter nach kurzem Blättern: „Einer dieser Wissenden war Emanuel Swedenborg. In diesem Buch befindet sich eine ausführliche Beschreibung darüber, wie es mit kleinen Kindern in der anderen Welt weitergeht.

So schreibt dort Swedenborg unter anderem:

„... dass jedes Kind, wo es auch geboren sei, ob innerhalb oder außerhalb der Kirche, ob von frommen oder von gottlosen Eltern, wenn es stirbt, vom Herrn aufgenommen und im Himmel erzogen und der göttlichen Ordnung gemäß unterrichtet und in Gefühle des Guten und durch diese in Erkenntnisse des Wahren eingeleitet, hernach aber, sowie es zunimmt an Einsicht und Weisheit, in den Himmel eingeführt und ein Engel wird.

Ein jeder, der vernünftig denkt, kann wissen, dass keiner für die Hölle, sondern alle für den Himmel geboren werden, und dass der Mensch selbst die Schuld trägt, wenn er in die Hölle kommt, die Kinder aber noch in keiner Schuld sein können.

Kinder, welche sterben, sind in gleicher Weise Kinder im anderen Leben, sie haben das gleiche kindliche Gemüt, die gleiche Unschuld in der Unwissenheit und die gleiche Zartheit in allem; sie sind bloß in den Anfängen, von welchen aus sie Engel werden können; denn die Kinder sind nicht Engel, sondern werden Engel[48].

---

[48] H.u.H. 330

Für mich unterstreicht Swedenborg mit diesen Worten ganz deutlich, dass jeder Mensch dazu aufgerufen ist, ein Bewohner des Engelhimmels zu werden. Dies gilt natürlich auch für aus unserer Sicht viel zu früh verstorbene Kinder, denn auch sie sind Menschen, die unabhängig von den äußeren Umständen ihres kurzen Lebens das Potenzial erworben haben, ein Engel zu werden. Im Gegensatz zu etwas älteren Menschen sind die Gemüter von kleinen Kindern noch unschuldig und unwissend. Sie hatten einfach keine Zeit, sich im Egoismus und Hochmut zu üben oder sich auf im Falschen begründete Scheinwahrheiten einzuschwören. Bei ihnen hat noch keine Trennung zwischen dem Äußeren und Inneren stattgefunden.

Laut Swedenborg werden Kinder, sobald sie auferweckt sind, was in der Regel sofort nach dem Eintritt des irdischen Todes geschieht, in den Himmel erhoben und dort Engeln übergeben. Dank dieser himmlischen Erzieher kann sich das Sprachvermögen der Kinder entwickeln. Wenn ihr erstes Reden nur ein Tönen des Gefühls ist, so wird die Sprache der Kinder allmählich immer bestimmter, je mehr Denkbilder in ihre Sprache einfließen. Dazu muss man wissen, dass die Sprache der Engel aus Denkbildern besteht, welche aus ihren Gefühlen aufsteigen[49]."

In seinem Buch blätternd, sagt Peter: „Wenn es dir recht ist, dann würde ich dir gerne zwei kurze Passagen aus »Himmel und Hölle« vorlesen, in denen Swedenborg etwas über die jenseitige Weiterentwicklung von Kindern schreibt."

Mein Kopfnicken als Zustimmung interpretierend liest Peter die Textpassagen vor:

„Swedenborg schreibt: Wie die Kinder im Himmel erzogen werden, soll auch mit Wenigem gesagt werden; von ihrer Erzieherin lernen sie reden; ihre erste Rede ist nur ein Tönen des Gefühls, das allmählich bestimmter wird, so wie Denkbilder in dasselbe eintreten; denn die aus den Gefühlen hervortretenden Denkbilder machen die ganze Engelsrede aus.

---

[49] H.u.H. 334

In ihre Gefühle, welche alle aus der Unschuld hervorgehen, werden zuerst solche Dinge eingeflößt, welche vor den Augen erscheinen und ergötzlicher Art sind; und weil diese aus geistigem Ursprung sind, fließt in sie zugleich auch Solches ein, was dem Himmel angehört und durch das ihr Inwendiges aufgeschlossen wird; und so werden sie von Tag zu Tag vervollkommnet; wenn sie dieses erste Alter überschritten haben, werden sie in einen andern Himmel versetzt, in dem sie von Lehrern unterrichtet werden, und so fort[50].

Und einen Absatz weiter steht geschrieben:

Wie ihr zarter Verstand beschaffen ist, ist auch gezeigt worden; als ich das Gebet des Herrn betete, und sie dann aus ihrer Verständigkeit in die Vorstellungen meines Denkens einflossen, wurde ihr Einfließen als ein so zartes und weiches gefühlt, dass es fast lauter Gefühl war; und zugleich wurde dabei auch bemerkt, dass ihr Verstandesgebiet bis zum Herrn hin aufgeschlossen war; denn es war wie etwas Durchströmendes, was von ihnen kam; wirklich fließt auch der Herr in die Vorstellungen der Kinder vorzugsweise vom Innersten her ein; denn nichts verschließt jene, wie bei den Erwachsenen, keine Grundsätze des Falschen gegen das Verständnis des Wahren, und kein Leben des Bösen gegen die Aufnahme des Guten, und somit gegen das Weise sein.

Hieraus kann erhellen, dass die Kinder nicht sogleich nach dem Tode in den Engelszustand kommen, sondern durch Erkenntnisse des Guten und Wahren allmählich in denselben eingeführt werden, und zwar dies nach aller himmlischer Ordnung; denn das Allereinzelnste ihrer Anlage ist dem Herrn bekannt; daher sie nach allen und jeden Seiten ihrer Neigung zur Aufnahme der Wahrheiten des Guten und des Guten aus dem Wahren hingeführt werden[51].

Soweit die beiden Zitate."

---

[50] H.u.H. 334
[51] H.u.H. 336

Bevor Peter damit beginnen kann, die Texte ausführlich zu erläutern, ergreift Sabrina das Wort und sagt:

„Ich muss sagen, dass du da zwei wirklich sehr schöne Texte rausgesucht hast. Denn den Gedanken, dass kleine Kinder nach ihrem Ableben sofort in den Himmel aufgenommen werden, empfinde ich als sehr tröstlich.

Okay, sie sind dann zwar noch keine Engel, aber sie haben alle Anlagen, um relativ schnell himmlische Wesen zu werden. Denn so, wie Swedenborg schreibt, werden die kleinen Kinderseelen von Engeln liebevoll aufgenommen und behutsam in die Liebe zum Herrn eingeführt.

Außerdem empfinde ich diese Zitate als eine Bestätigung meiner These, dass die Kommunikation im Jenseits über die Visualisierung der inneren Gefühle stattfindet. Ich meine damit, dass alles, was man in unserer Welt mit Worten auszudrücken versucht, in der anderen Welt durch Visualisierungen bzw. Vorstellungen oder Denkbilder ausgedrückt wird. Wobei die Denkbilder für die Geistmenschen erst dann zur Realität werden, wenn diese das Geisterreich erfolgreich durchlebt haben und die Diskrepanz zwischen ihrem Inneren und ihrem Äußeren aufgehoben ist.

Diese Trennung hat bei früh verstorbenen Kindern noch nicht stattgefunden, deshalb müssen sie auch nicht im Geisterreich verweilen. Sie stehen sozusagen noch in der Unschuld, das heißt, in ihren Gemütern konnte das Böse infolge ihres kurzen irdischen Lebens noch keine Wurzeln schlagen. Von daher hat in ihnen auch noch keine Trennung zwischen ihrer Liebe und Weisheit stattgefunden. Weshalb sie auch gleich in den Himmel kommen, wo sie von Engeln angeleitet werden aus ihren Gefühlen heraus Denkbilder zu entwickeln. Je mehr ihnen dies gelingt, desto weiter steigen sie in den himmlischen Gefilden auf.

Dadurch, dass die kleinen Kinder in einem Zustand der Unschuld in die geistige Welt eingetreten sind, kann, dank der engelischen Zuwendung, ihr Inwendiges relativ schnell aufgeschlossen werden. Ich stelle mir das so ähnlich wie in einer Schule vor, in der sie sich jeden Tag ein bisschen weiter entwickeln. Je weiter sie sich entwickeln, umso mehr kann der Herr durch ihr Innerstes in ihre Vorstellungen einfließen, sodass nach und nach ihr ganzes Sein von der göttlichen Liebe und Weisheit durchdrungen wird.

Oder anders ausgedrückt, die kleinen Kinder hatten zwar keine Möglichkeit, auf der irdischen Ebene prägende Erfahrungen zu sammeln, dafür haben sie gegenüber den Erwachsenen den Vorteil, dass ihre Seele bzw. ihr Innerstes noch nicht durch im Falschen und Bösen begründete Erfahrungen blockiert ist. Das führt dazu, dass die göttliche Liebe viel unmittelbarer in das Herz der Kinder einfließen kann, als es bei einem durch Raum und Zeit geprägten Erwachsenen möglich ist.

So gesehen empfinde ich diese Entwicklungsmöglichkeit als einen guten Ausgleich dafür, dass diese kleinen Kinder meist unter sehr unschönen Umständen nur ein so kurzes Leben auf unserer Erde führen konnten."
Zufrieden lehnt sich Sabrina auf ihrem Sitz zurück und schaut mich erwartungsvoll an.

Nachdem ich für ein paar Sekunden meine leicht brennenden Augen zur Entspannung gerieben habe, sage ich etwas müde zu Sabrina: „Danke, für deine gut nachvollziehbaren Worte. Langsam dämmert es mir, warum ihr mit dem Tod im Allgemeinen und dem Tod von kleinen Kindern im Besonderen relativ gelassen umgehen könnt.
Doch bevor ich mit euch diesen wirklich interessanten Gedankenaustausch weiterführen kann, muss ich euch leider für ein paar Minuten verlassen und mir mal kurz die Beine vertreten gehen."

Das verständnisvolle Nicken der beiden mit einem Lächeln erwidernd stehe ich vorsichtig auf, recke mich ein wenig und wende mich mit der Leichtigkeit einer völlig eingerosteten Dampfmaschine der Tür zu. Auf dem Gang angekommen, lenke ich meine Schritte bedächtig in Fahrtrichtung. An den Fenstern huscht von mir unbeachtet die Landschaft vorbei, und nachdem ich zwei oder drei Minuten gelaufen bin, entkrampft sich spürbar mein vom vielen Sitzen verspannter Körper.

Je schmerzfreier mein Rücken und mein Gesäß werden, umso mehr merke ich, dass sich bei mir die Vorstufe zum Magenknurren einstellt. Gerade in dem Moment, als ich mir meines Hungers bewusst werde, stehe ich vor der Speisewagentür.

Innerlich schmunzelnd betrete ich den Speisewagen, denn ich muss unwillkürlich an meine Abteilgenossen denken, die jetzt bestimmt von der göttlichen Vorsehung sprechen würden. Nachdem ich einen der freien Fensterplätze angesteuert habe, setze ich mich in den sehr bequemen Sitz und studiere die in einem kleinen Tischständer stehende Speisekarte.

Kaum habe ich die Karte überflogen, erkundigt sich auch schon der herbeigeeilte Ober mit den Worten: „Na, was darf's denn sein?", nach meinen Wünschen. Um meinen Geldbeutel nicht allzu sehr zu strapazieren, bestelle ich mir eine Gulaschsuppe mit Brot und ein Mineralwasser.

Nachdem der Ober umständlich meine Bestellung auf einem kleinen Block notiert hat, strebt er zielgerichtet der Küche entgegen, um den Koch über meine Wünsche zu informieren.

Die Zeit bis zur Anlieferung der Suppe nutzend schaue ich aus dem Fenster in die Ferne und sinniere ein wenig über die Gespräche mit Sabrina und Peter nach.

Wenn ich so bedenke, dass ich mich bisher mit der Frage nach Gott nicht wirklich auseinandergesetzt habe, dann muss ich ehrlich eingestehen, dass ich mich den Ausführungen der beiden nur schwer entziehen kann. Es sprechen schon einige starke Argumente dafür, dass es einen Schöpfergott geben könnte. Sei es, dass die Grundlagen der Naturwissenschaften in Bezug auf den Urknall und der Evolutionstheorie auf sehr wackligen Beinen stehen oder sei es, dass die Argumente, welche für die Existenz einer jenseits von Raum und Zeit befindlichen Welt sprechen, nicht von der Hand zu weisen sind.

Auch das, was sie mir bisher über die jenseitige Welt berichtet haben, erscheint mir angesichts dessen, was ich bisher so aus den verschiedenen Medien erfahren habe, durchaus vernünftig. Und ihre Argumentation bezüglich der Not und dem Leid ist irgendwie auch ganz gut nachvollziehbar.

In dem Moment, als in mir die Frage aufkeimen will, warum ich mich eigentlich so schwer damit tue, die Existenz eines Gottes anzuerkennen, kommt der Ober und serviert mir meine Suppe und das Mineralwasser und wünscht mir einen guten Appetit.

Vorsichtig die erstaunlich heiße Suppe in mich hineinschlürfend spüre ich, wie sich in mir der Gedanke verfestigt, dass Sabrina mit ihrem Internetzitat von diesem Dr. Sowieso[52] wohl gar nicht so falsch liegt, wenn er sagt, dass es unwissenschaftlich ist, nicht an Gott zu glauben.

Doch an welchen Gott soll man glauben? An den Gott der Juden? Den der Moslems? Oder an den der Christen? Scheinbar wissen es die beiden auch nicht so genau, denn mal reden sie von Gott und mal von Jesus. Und so nehme ich mir vor, die beiden nach dem Essen danach zu fragen.

Gerade habe ich den letzten Löffel Suppe verzehrt und den letzten Schluck Wasser getrunken, als auch schon der Ober zur Stelle ist und sich geflissentlich erkundigt, ob es mir geschmeckt hat und ob er mir noch etwas bringen dürfe. Mit einem freundlichen Lächeln schlage ich sein Angebot aus und bitte ihn, mir die Rechnung zu bringen.

Offensichtlich ist der Kellner ein guter Menschenkenner, denn als ob er es vorausgeahnt hätte, zückt er zu meiner Verblüffung die Rechnung und legt sie freundlich lächelnd vor mir auf den Tisch. Etwas überrascht von der unerwartet schnellen Rechnungsstellung stehe ich

---

[52] Siehe Seite 30

auf und suche in meinen Hosentaschen nach dem Portemonnaie. Nach kurzer Suche habe ich es gefunden, bezahle meine Zeche und bedanke mich bei dem Ober für seine prompte Bedienung.

Frisch gestärkt mache ich mich auf den Rückweg zu meinen Mitreisenden. Bereits nach wenigen Minuten erreiche ich ohne nennenswerte Zwischenfälle die Abteiltür, öffne sie und trete freundlich lächelnd ein.

Mit den Worten: „Da bin ich wieder", gehe ich zu meinem Sitzplatz und mache es mir dort bequem. Die beiden scheinen sich in der Zwischenzeit auch ein wenig erholt zu haben, denn sie sehen sehr entspannt aus, so als ob sie in der Zwischenzeit ein kleines Nickerchen gemacht haben.

Kaum habe ich die für mich angenehmste Sitzposition gefunden, fragt mich Sabrina mitfühlend: „Na Daniel, hast du dich ein wenig von unseren intensiven Diskussionen erholt?"

„Na ja", sage ich schmunzelnd, „zumindest tut mir mein Gesäß nicht mehr weh und ich konnte eure Ausführungen und Theorien in meinem Kopf etwas sortieren. Dabei bin ich mir darüber bewusst geworden, dass man den Gedanken an die Existenz eines Gottes nicht so ohne Weiteres verwerfen kann. Es sprechen in der Tat eine Menge Argumente dafür, dass es wirklich einen Gott geben könnte.

Von daher könnte ich mich eventuell mit dem Umstand anfreunden, dass wirklich ein Gott existiert. Natürlich stellt sich dann für mich sofort die Frage, welcher der vielen von Menschen verehrten Götter denn nun der Richtige ist? Ist es Allah, Jehova, Odin oder Zeus? Selbst ihr, die ihr den vor 2000 Jahren gekreuzigten Jesus von Nazareth verehrt, redet mal von dem alten Gott der Juden und dann tut ihr so, als ob sein Sohn Gott selbst wäre. Das ist für mich doch ziemlich verwirrend. Vielleicht könnt ihr mir ja dazu etwas erzählen."

Nach einigen Augenblicken ergreift Peter das Wort und sagt: „Ich finde, das ist eine sehr gute und absolut berechtigte Frage, schließlich wird niemandem die Erkenntnis in die Wiege gelegt, welcher Gott denn nun der Wahre ist. Ich selbst habe mich vor Jahren genau mit dieser Frage sehr intensiv beschäftigt und es hat lange gedauert, bis ich für mich befriedigende Antworten gefunden habe.

Aus heutiger Sicht würde ich sagen: Bevor man sich mit der Frage auseinandersetzt, welcher Gott denn nun der wahre Gott ist, sollte man sich erst einmal mit dem Gedanken anfreunden, dass es nur einen wahren Gott geben kann. Denn ein Gott, durch den das unendliche Weltall erschaffen wurde, muss unendlich, ewig, unerschaffen, allmächtig, allgegenwärtig und allwissend sein, damit er die für diese immensen Schöpfungsdimensionen notwendigen Substanzen bereitstellen kann. Und weil es der menschlichen Vernunft widersprechen würde, dass es mehrere unendliche, unerschaffene und allmächtige Götter gibt, die an der Erschaffung und Erhaltung des Universums beteiligt sind[53], muss man davon ausgehen, dass es nur einen Gott geben kann.

Allein die Erkenntnis, dass es nur einen unendlichen, unerschaffenen und allmächtigen Gott geben kann, schließt all die Kosmologien aus, in denen entweder wie z. B. im Buddhismus gar kein Gott anerkannt wird oder in denen wie z. B. im Hinduismus eine Vielzahl von Göttern angebetet wird.

Letztendlich bleibt nach meinem Empfinden nur der Gott übrig, der von den drei großen Weltreligionen Judentum, Christentum und Islam verehrt wird. Zusammen präsentieren diese drei Abrahamsreligionen[54] mit ihren etwa 3,5 Milliarden Anhängern etwas über die Hälfte der Weltbevölkerung.

---

[53] Swedenborg schreibt hierzu in seinem Werk 'Göttliche Liebe und Weisheit': Wer, der ganz bei Vernunft ist, erkennt nicht, dass das Göttliche nicht teilbar ist, ferner, dass es nicht mehrere unendliche, unerschaffene und allmächtige Götter gibt? Spräche jemand, welchem Vernunft fehlt, es lassen sich mehrere unendliche, unerschaffene und allmächtige Götter denken, wenn sie nur ein Wesen haben, und in dieser Weise sei ein unendlicher, ein unerschaffener, ein allmächtiger, ein Gott, so würde man fragen: Ein und dasselbe Wesen - ist es nicht das Nämliche? Und das Nämliche kommt nicht Mehreren zu. Sagte man, Eins sei vom Anderen, dann ist der, welcher vom Andern, nicht Gott in sich: und doch ist Gott in sich der Gott, von welchem alles ist. [GLW 27]
[54] Als abrahamitische Religion auch Abrahamsreligion genannt bezeichnen Theologen die monotheistischen Religionen, deren Wurzeln im ersten Hauptteil der Tora bzw. den fünf

Wobei im Prinzip alle drei Glaubensrichtungen an den Gott der Thora bzw. des Alten Testaments glauben, der durch den Propheten Jesaja sagen ließ: ‚Ich bin Jehova und sonst keiner; außer Mir gibt es keinen Gott. Damit vom Aufgang und vom Niedergang der Sonne sie erfahren, dass außer Mir kein Gott ist: Ich Jehova und keiner sonst[55].'

Natürlich ist dieser Ausspruch des Propheten Jesaja noch kein Beweis dafür, dass Jehova der einzig wahre Gott ist. Trotzdem war dieser Spruch damals ein Ansporn dafür, mich etwas intensiver mit der Bibel auseinanderzusetzen. Ich wollte einfach für mich herausfinden, was von diesem uralten Buch zu halten ist.

Beim Lesen des Alten Testaments wurde mir sehr bald bewusst, dass es in der Bibel verschiedene Ebenen gibt, die man auf ihren Wahrheitsgehalt untersuchen muss.

Da ist z. B. der historische Aspekt, der sich durch eine Vielzahl von geografischen, zeitlichen und personalen Bezügen auszeichnet, die man mittels der Altertumsforschung bzw. der Archäologie überprüfen kann.

Dazu hatte ich mir seinerzeit extra das Buch »Und die Bibel hat doch Recht« von Werner Keller gekauft. In diesem Buch konnte der Autor den historischen Wahrheitsgehalt der Bibel an vielen Beispielen belegen. Später fand ich noch andere Autoren, die die historische Genauigkeit der Bibel bestätigen. So schrieb z. B. der israelische Archäologe Dr. Nelson Glueck[56]:

‚Man kann kategorisch bestätigen, dass niemals eine archäologische Entdeckung der Bibel widersprochen hat. Unzählige archäologische

---

Büchern Moses (Bibel), zu finden sind. Der Begriff bezieht sich vor allem auf den dort überlieferten Bund zwischen dem Gott Jehova und Abraham, dem Stammvater des Volkes Israel Genesis 12,1-3), den auch Christen und Moslems als ihren von Gott erwählten Stammvater ansehen.

[55] Jes.45/5,6

[56] Nelson Glueck (*1900 - † 1971) war ein amerikanischer Rabbiner und biblischer Archäologe. [Wikipedia]

Funde konnten gemacht werden, die entweder in groben Zügen oder bis in kleinste Details historische Angaben in der Bibel bestätigen[57].'

Selbstverständlich ist die hohe Übereinstimmungsquote zwischen der archäologischen Forschung und den Orts-, Zeit- und Personenangaben in der Bibel auch kein endgültiger Beweis dafür, dass der Gott der Bibel der wahre Gott ist. Sie ist lediglich ein weiteres Mosaiksteinchen im großen Erkenntnispuzzle.

Zumal es auch einige eklatante Widersprüche zwischen den Erkenntnissen der modernen Naturwissenschaft und dem reinen Buchstabensinn einiger Bibeltexte gibt. Exemplarisch hierfür möchte ich das Alter der Schöpfung anführen. Während die Naturwissenschaft das Alter der Erde auf etwa 4,6 Milliarden Jahre schätzt, beziffern einige Bibelforscher das Alter der Erde auf ca. 6000 Jahre. Es gibt Berechnungen einiger buchstabengläubiger Fundamentalisten, nach denen Gott Seine Schöpfung am Sonntag, den 23. Oktober 4004 vor Christi Geburt[58] beendet hat."

„Das ist doch jetzt ein Scherz, oder?" falle ich Peter ins Wort und füge noch hinzu, „wann sollen dann die Dinosaurier gelebt haben? Und was ist mit den menschlichen Knochen[59], die sie im Neandertal bei Düsseldorf ausgebuddelt haben?"

„Leider ist das kein Scherz", antwortet Peter ganz ruhig und führt dann weiter aus, „es gibt wirklich eine große Anzahl von gläubigen Menschen, die allen wissenschaftlichen Erkenntnissen zum Trotz davon ausgehen, dass die Schöpfung ca. 6000 Jahre alt ist. Für diese Menschen, die an eine wörtliche Auslegung der mosaischen Schöp-

---

[57] H.M. Morris: The Bible and Modern Science, Chicago 1968, Seite 95
[58] Der Ussher-Lightfoot-Kalender ist eine Zeitfolge, die auf eine Publikation von James Ussher aus dem Jahr 1650 zurückgeht. Unter anderem leitete er darin aus Angaben der Bibel das genaue Datum der Schöpfung ab. Er ermittelte dafür Sonntag, den 23. Oktober 4004 v. Chr.
[59] Der Neandertaler ist ein ausgestorbener Verwandter des heutigen Menschen aus der Gattung Homo.

fungsgeschichte glauben, hat sich der Begriff Kreationisten[60] eingebürgert. Leider schießen die Kreationisten nach meinem Empfinden völlig über das Ziel hinaus, wenn sie die Ergebnisse der archäologischen Forschung ignorieren. Die Funde von prähistorischen Dinosaurierskeletten sind nun mal eine Realität, die man einfach nicht wegdiskutieren kann.

Zu meinem Glück habe ich im Laufe meiner Glaubensentwicklung die Schriften von Emanuel Swedenborg kennengelernt. Durch deren Studien haben sich für mich viele dieser scheinbaren Widersprüche zwischen den Ergebnissen der Naturwissenschaft und dem Buchstabensinn diverser Bibeltexte aufgelöst. Das Haupthilfsmittel hierbei war und ist die Lehre von den Entsprechungswissenschaften.

Wie vorhin schon kurz erwähnt wurde, sind laut Swedenborg die ersten Kapitel der Bibel 'gemachte Geschichte', das heißt, die damaligen Autoren waren inspiriert genug, um ihre tiefen spirituellen Begegnungen mit Gott so in natürliche Worte zu gießen, dass daraus die Geschichten wurden, wie man sie heute noch in der Bibel nachlesen kann. Sie haben zwar nichts mit den realen Verhältnissen zu tun, wie sie bei der Schöpfung der Welt geherrscht haben, aber dennoch enthalten sie bei Anwendung der Entsprechungswissenschaft tiefste Erkenntnisebenen in Bezug auf das menschliche Gemüt und die göttliche Liebe und Weisheit.

So gesehen hat die biblische Schöpfungsgeschichte überhaupt nichts mit der Erschaffung der natürlichen Erde und der auf ihr lebenden Flora und Fauna zu tun. Es handelt sich vielmehr um die bildhafte

---

[60] Der Kreationismus (von lat. creare „erschaffen") vertritt die Auffassung, dass die wörtliche Interpretation der Thora bzw. der Bibel (hauptsächlich 1. Buch Mose) die tatsächliche Entstehung von Leben und des Universum beschreibt. Der Kreationismus erklärt beides durch den unmittelbaren Eingriff eines Schöpfergottes. Die Schöpfung geschah entweder aus dem Nichts (ex nihilo) oder durch die Entstehung von Ordnung aus zuvor existierendem Chaos (Tohuwabohu). Er ist im 19. Jahrhundert in Teilen des Protestantismus als Opposition gegen die frühen Ideen der neuzeitlichen Naturforscherbewegung zum Erdalter und zur Evolution entstanden und wird heute von fundamentalistischen Richtungen des Christentums vertreten. Seit dem späten 20. Jahrhundert erlangt er auch im Islam und vereinzelt in kleinen Teilen des Judentum eine Bedeutung.

Beschreibung der Gemütsentwicklung eines Menschen, der sich von einem in geistig-spirituellen Dingen Unwissenden von Schöpfungstag zu Schöpfungstag zu einem von der göttlichen Liebe und Weisheit durchdrungenen Menschen entwickelt.

Von daher ist es also gar nicht möglich, aus diesen alten Texten irgendetwas über den zeitlichen Schöpfungsablauf oder gar über die Genesis der Sonnen, der Planeten und deren Bewohner zu entnehmen."

„Okay", unterbreche ich sanft die Ausführungen von Peter, „wenn ich dich richtig verstehe, dann betrachtest du die Bibel als so eine Art altes Psychologiebuch, in dem es auch Textpassagen gibt, in denen die beschriebenen Orte und Personen archäologisch nachweisbar sind. Und den Schlüssel zum Verständnis der psychologischen Bibelebene hast du in den Texten von Swedenborg gefunden."

Das verhaltene Kopfnicken von Peter registrierend, wende ich mich Sabrina zu und sage zu ihr: „Wenn ich mich recht erinnere, dann hattest du ja vorhin auch den Gedanken geäußert, dass die Bibel mehr etwas mit innerseelischen Vorgängen und weniger etwas mit geschichtlichen Realitäten zu tun hat.

Ich frage mich dann nur, wieso ihr euch so sicher seid, dass der Gott der Juden der wahre Gott ist. Mir jedenfalls würden ein paar archäologische Funde und die psychologische Auslegung von uralten Texten nicht als Beweise dafür ausreichen, dass Jehova der wahre Gott ist." Und dann füge ich noch lächelnd hinzu: „Sabrina, ich hoffe, du hast mir da etwas mehr zu bieten."

„Na ja", sagt Sabrina mit einem nachdenklichen Gesichtsausdruck, „einen endgültigen physikalischen oder geschichtlichen Beweis dafür, dass der Gott Israels der einzig wahre Gott ist, kenne ich natürlich auch nicht. Aber ich kann dir von meinen Erfahrungen und Empfindungen erzählen, durch die ich zu der Überzeugung gelangt bin, dass Jehova der einzige wahre Gott ist.

Als ich vor einigen Jahren durch verschiedene Umstände zum Glauben gefunden hatte, habe ich, um mehr über Gott zu erfahren, ziemlich viel in der Bibel gelesen. Meist allerdings im Neuen Testament. Das Alte Testament war mir bis auf Ausnahmen irgendwie zu trocken.

Beim Lesen im Neuen Testament blieb es natürlich nicht aus, dass ich mich mit der Lebensgeschichte von Jesus Christus auseinandergesetzt habe. Sein Leben und Sterben hat mich damals wie heute unglaublich fasziniert und innerlich sehr bewegt. Ich fand einfach alles, was mit seinem Leben zusammenhing, wahnsinnig spannend. Die Umstände seiner Geburt, die Flucht nach Ägypten, die drei Tage, welche er als Zwölfjähriger im Tempel verbracht hat, seine Versuchungen, die drei Jahre, wo er mit seinen Jüngern als Wanderprediger durch das Land gezogen ist, sein fürchterlicher Tod und natürlich die Berichte über seine Auferstehung von den Toten.

Noch spannender wurde die Person Jesus für mich, als ich erfuhr, dass seine Ankunft durch einige Propheten des Alten Testaments schon Hunderte von Jahren vor seiner Geburt vorausgesagt wurde[61]. In ihm vereinigten sich viele Faktoren und Eigenschaften des von den Propheten angekündigten Messias. Jesus selbst hat während seiner Lehrjahre nie einen Hehl daraus gemacht, dass er der verheißene Sohn Gottes ist. Und so war es wahrscheinlich ganz normal, dass die damalige weltliche und religiöse Führung Jesus als eine Gefahr für die bestehenden Machtstrukturen einstufte und Jesus unter Vorspiegelung falscher Tatsachen von der römischen Besatzungsmacht gefangen nehmen und zum Tode verurteilen ließ.

Bereits während seiner Zeit als Wanderprediger hatte Jesus den Menschen gezeigt, dass er Macht über den Tod hatte, als er den bereits vier Tage toten Lazarus zum Leben erweckte. Und als er drei Tage nach seinem furchtbaren Kreuzestod selbst dem Grab entstiegen war, hat er vor aller Welt bewiesen, dass er ein Herr über Leben und Tod ist.

---

[61] Dan. 9.24-26, Jes. 9.1-7, Jes. 43.10-11, Jer. 23,5, Sach. 3,8

Für mich belegt die in den Evangelien beschriebene Lebensgeschichte von Jesus ganz deutlich, dass er der von den Propheten des Alten Testaments verheißene Messias ist. Er ist der einzige Mensch, der nicht von einem menschlichen Vater gezeugt wurde und er ist der einzige Mensch, der den Tod besiegt hat und Leben schenken kann. Selbst der Koran erkennt diese Fähigkeiten an. So bestätigt er die unbefleckte Empfängnis[62] seiner Mutter Maria genauso wie die Fähigkeit Jesu Leben zu schenken. In einer der Koransuren steht geschrieben, dass wenn Jesus in eine aus Ton geformte Vogelfigur gehaucht hätte, diese Figur in einen echten Vogel verwandelt worden[63] wäre. Obwohl Jesus Christus Herr über Leben und Tod war und natürlich noch immer ist, hat er während seines irdischen Lebens niemals diese Macht missbraucht. Ganz im Gegenteil, er predigte nicht nur die Liebe, er lebte sie seinen Mitmenschen auch konsequent vor.

Im Lukasevangelium Kapitel 6, Vers 27-31 sagt Jesus:

'Liebet eure Feinde; tut denen wohl, die euch hassen; segnet die, so euch verfluchen und bittet für die, so euch beleidigen. Und wer dich schlägt auf einen Backen, dem biete den anderen auch dar; und wer dir den Mantel nimmt, dem wehre nicht auch den Rock. Wer dich bittet, dem gib; und wer dir das deine nimmt, da fordere es nicht wieder. Und wie ihr wollt, dass euch die Leute tun sollen, also tut ihnen gleich auch ihr.'

Jesus hat diese Lebensmaxime in Vollendung vorgelebt. Er hat Kranke geheilt, Blinde sehend gemacht und Hungrige mit Lebensmitteln versorgt. Er hat sich über die gesellschaftlichen Konventionen hinweggesetzt und mit damals verachteten Menschen wie z. B. Zöllnern und Huren verkehrt. Ohne dass man je ein böses Wort von ihm gehört hätte, wurde er verspottet, geschlagen, zum Tode verur-

---

62 Siehe, Jesus ist vor Allah gleich Adam; er erschuf ihn aus Erde, alsdann sprach er zu ihm: "Sei!", und er ward. [3. Sure, Vers 59]
Der Messias Jesus, der Sohn der Maria, ist der Gesandte Allahs und sein Wort, das er in Maria legte und Geist von ihm. [4. Sure, Vers 171] Siehe auch 19. Sure, Verse 16 – 22
63 Siehe, ich will euch erschaffen aus Ton die Gestalt eines Vogels und will in sie hauchen, und sie soll werden ein Vogel mit Allahs Erlaubnis. [3. Sure, Vers 48-49]

teilt und hingerichtet. Und dennoch sprach er selbst am Kreuze hängend die Worte: Vater vergib ihnen, denn sie wissen nicht, was sie tun[64]."

Und mit leicht feuchten Augen fügt Sabrina noch hinzu: „Diese unendliche Liebe und Demut sind es, die immer wieder aufs Neue mein Innerstes berühren und mich ziemlich erschüttern."

Für einen Moment unterbricht Sabrina ihre kleine Exkursion in das Neue Testament und wischt sich verstohlen eine kleine Träne aus dem Auge.

Nach einem kurzen Augenblick der Sammlung sagt sie mich anschauend: „Bevor du mich jetzt fragst, was das Ganze mit der Frage nach den wahren Gott zu tun hat, möchte ich dir kurz ein Bibelzitat vorlesen, aus dem deutlich wird, warum Jesus Christus in diesem Zusammenhang so wichtig ist."

Ohne mein zustimmendes Kopfnicken abzuwarten, greift Sabrina in ihre Handtasche und nimmt ein kleines Buch heraus. Offensichtlich handelt es sich um eine Taschenausgabe des Neuen Testaments, denn nach kurzem Blättern sagt Sabrina:

„Der Text, den ich dir vorlesen möchte, steht im 14. Kapitel des Johannes Evangelium und zwar die Verse 8-11. Dort steht geschrieben:

‚Spricht zu ihm Philippus: HERR, zeige uns den Vater, so genügt es uns.

Jesus spricht zu ihm: So lange bin ich bei euch, und du kennst mich nicht, Philippus? Wer mich sieht, der sieht den Vater; wie sprichst du denn: Zeige uns den Vater? Glaubst du nicht, dass ich im Vater bin und der Vater in mir? Die Worte, die ich zu euch rede, die rede ich nicht von mir selbst. Der Vater aber, der in mir wohnt, der tut die Werke. Glaubet mir, dass ich im Vater und der Vater in mir ist; wo nicht, so glaubet mir doch um der Werke willen.'

---

[64] Luk. 23,24

Mit diesen Worten bringt Jesus für mich ganz deutlich zum Ausdruck, dass Er Selbst der fleischgewordene Gott ist, von dem Johannes sagt:

‚Im Anfang war das Wort, und das Wort war bei Gott und Gott war das Wort.
Dasselbe war im Anfang bei Gott.
Alles ist durch dasselbe geworden, und ohne dasselbe ist nichts geworden, das geworden.
In Ihm war Leben, und das Leben war das Licht der Menschen.
Und das Licht scheint in der Finsternis, und die Finsternis hat es nicht begriffen.
Er war in der Welt, und die Welt ist durch Ihn geworden, aber die Welt erkannte Ihn nicht.
Er kam in Sein Eigenes, aber die Seinen nahmen Ihn nicht auf.
Und das Wort ward Fleisch und wohnte unter uns, und wir schauten Seine Herrlichkeit, eine Herrlichkeit als des Eingeborenen vom Vater, voller Gnade und Wahrheit[65].‘

Diese und andere Textstellen in der Bibel sagen mir, dass sich vor ca. 2000 Jahren der Gott der Juden in einen menschlichen Körper inkarniert hat und als Jesus Christus über diese Erde gewandelt ist."

„Wie jetzt", unterbreche ich stark irritiert Sabrina, „willst du damit sagen, dass Gott und der vor 2000 Jahren gekreuzigte Jesus ein und dieselbe Person sind? Wie soll denn das gehen? Ich meine, wie soll sich ein unendlicher Gott in einen einzelnen Menschen inkarnieren? Also das müsst ihr mir schon etwas genauer erklären."

Offensichtlich war meine Reaktion etwas zu heftig, denn leicht errötend schaut Sabrina Hilfe suchend ihren Vater an. Der wiederum lässt sich nicht lange bitten und ergreift das Wort:

„Ich muss zugeben, dass man den Gedanken, dass Jehova als Mensch über diese Erde gewandelt ist, in seiner vollen Tragweite nicht wirk-

---

[65] 1. Joh. 1-14 mit Auslassungen

lich nachvollziehen kann. Es gibt zwar, wie Sabrina schon sagte, einige Textstellen in der Bibel, die sehr deutlich zum Ausdruck bringen, dass Gott in Jesus Christus Mensch geworden ist, aber das Wie und Warum, kann wahrscheinlich kein normaler Sterblicher aus dem Buchstabensinn der Bibel entnehmen.
Und weil dem so ist, hat es Gott gefallen, der Menschheit durch Emanuel Swedenborg Antworten zu schenken, die es auch einfach gestrickten Menschen wie mir erlauben, ein tieferes Verständnis dafür zu entwickeln, was es mit der Menschwerdung Gottes auf sich hat.

Wie ich vorhin schon erläutert habe, entspricht es dem Naturell der Liebe, dass sie aus sich herausgehen möchte, um andere mit ihrer Liebe zu umfassen. Aus diesem Grund ist es auch für Gott ein dringendes Bedürfnis ein Gegenüber zu haben, welches Er mit Seiner Liebe umfassen kann. Und weil es in der gesamten Unendlichkeit keinen zweiten Gott gibt, musste sich Gott dieses Gegenüber selbst erschaffen. Dazu hat Gott die von Ihm in das Dasein gestellte Schöpfung so eingerichtet, dass aus ihr ein Engelhimmel aus dem menschlichen Geschlecht gebildet werden kann. Wobei der Engelhimmel nichts mit dem in der Nacht sichtbaren Himmelszelt zu tun hat. Vielmehr sind damit die Zustände der Geistmenschen gemeint, deren Lebensliebe in Harmonie mit der göttlichen Liebe verbunden ist. Im Gegensatz dazu sind unter dem Begriff 'Hölle' Zustände von Geistmenschen gemeint, deren Lebensliebe sich völlig von der göttlichen Liebe abgewandt hat.

Die Grundlage für diese himmlischen bzw. höllischen Gemütszustände der im Jenseits lebenden Geistmenschen werden normalerweise in der Zeit erworben, wenn der Mensch im fleischlichen Körper auf dieser Erde lebt. Als völlig hilfloses und unwissendes Baby betritt er die Bühne des irdischen Lebens und mit vielen Erfahrungen, Vorlieben und Lebensbegründungen verlässt er diese Welt, um ein Bewohner der jenseitigen Welt zu werden. Seine hier erworbene Lebensliebe und das mit dieser Liebe verknüpfte Wissen nimmt der Mensch in die andere Welt mit, wo sie ihm als Grundlage für die Gestaltung seines jenseitigen Lebens dient. Denn der Stoff, aus dem die Welt des jenseitigen Geistmenschen gebildet wird, entspringt aus seinem Inneren in Abhängigkeit von seinem jeweiligen Liebes- und Weisheitsstand.

Jeder Geistmensch visualisiert seine Welt in Abhängigkeit von dem Zustand seines Gemüts. Hat der Mensch auf dieser Erde ein Leben in Liebe, Frieden und Wahrhaftigkeit geführt, stellt sich für ihn die jenseitige Welt eher angenehm, hell und freundlich dar. Hat der Mensch hingegen ein Leben in Hass, Boshaftigkeit und Lüge geführt, stellt sich das Jenseits für ihn eher unangenehm, dunkel und unfreundlich dar. Der erste Zustand wird meist mit dem Begriff Himmel umschrieben. Und dass der zweite Zustand die Hölle umschreibt, brauche ich wohl gar nicht erst zu erwähnen.

Ich hoffe, dass ich deutlich machen konnte, dass bereits in dieser Daseinsebene die Weichen für die Zeit nach dem fleischlichen Tod gestellt werden."

„OK", unterbreche ich sanft den Redefluss von Peter, „ich kann mir schon so ungefähr vorstellen, wie sich meine Einstellung zum Leben, zu Gott und zu meinen Mitmenschen auf mein Gemüt auswirkt. Ich finde es auch nicht mehr völlig abwegig, dass sich der Gemütszustand des Menschen irgendwie auf sein jenseitiges Leben auswirken könnte.

Aber was hat denn das Ganze mit eurer Behauptung zu tun, dass der Gott der Juden in der Person Jesus vor 2000 Jahren im Nahen Osten über diese Erde gelaufen ist?"

„Darauf wollte ich gerade zu sprechen kommen", sagt Peter freundlich lächelnd, „doch zuvor möchte ich noch kurz einen Aspekt ansprechen, der zum Verständnis nach dem 'Warum' sehr wichtig ist. Wenn der Mensch nach seinem leiblichen Tod das Geisterreich betritt und von dort aus einen himmlischen Zustand erreichen will, dann ist es sehr wichtig für ihn, dass er bereits in dieser Welt die Möglichkeit hatte, etwas von dem wahren Gott zu erfahren. Dies geschieht in der Regel dadurch, dass er durch andere Menschen wie z. B. seine Eltern, seine Lehrer oder Freunde die Informationen bekommt, durch die sich seine Sichtweise von Gott und der Welt ausbilden kann.

Dieser an sich normale Lernvorgang könnte allerdings dann problematisch werden, wenn auf der Erde das Wissen um Gott und somit auch die Liebe zu Gott verloren gehen würden. Die Folge davon wäre, dass der Mensch entweder überhaupt nichts von Gott erfährt oder, was noch schlimmer ist, nur falsche Informationen bekommt und sich so im Bösen und Falschen begründen. Diese Unwissenheit würde dazu führen, dass die Menschen keinen Zugang mehr zu dem wahren Gott hätten und sich immer mehr in der Eigenliebe, der Selbstsucht und dem Hochmut verfangen würden. Der Mensch könnte weder eine Liebe zu Gott entwickeln noch seine Mitmenschen wahrhaftig lieben.

Betritt nun solch ein Mensch das Geisterreich, dann würde er jegliche Belehrungen über die Existenz eines Gottes als dummes Geschwätz von Unwissenden abtun und sich in einen Zustand begeben, den man getrost als Hölle bezeichnen kann. Dort angekommen gäbe es wahrscheinlich keinen Weg mehr, seinen inneren gottlosen Zustand so zu verändern, dass er irgendwann einmal ein Bewohner des höchsten Engelhimmels werden könnte. Es würde sozusagen zu einer Überbevölkerung der Hölle kommen und das Ziel der Schöpfung, einen Himmel aus dem Menschengeschlecht zu etablieren, wäre im höchsten Grade gefährdet.

Wenn man aus diesem Blickwinkel heraus die Zeit vor 2000 Jahren betrachtet, dann wird man feststellen können, dass damals genau solch ein gottloser Zustand eingetreten war. Die damalige Menschheit war kurz davor, den wahren Gott zu vergessen und sich dem völligen Unglauben hinzugeben. In jener Zeit herrschte unter den Völkern der Welt Vielgötterei, Naturalismus oder ein in Zeremonien erstarrter Glauben vor. Ich denke, es ist klar, dass durch Vielgötterei und Naturalismus der Mensch nicht wirklich etwas über den wahren Gott erfahren kann. Genauso schlimm ist es, wenn Menschen von ungläubigen Priestern und Schriftgelehrten zu einem im Falschen begründeten Glauben verführt werden, der in erster Linie nur den einen Zweck hat, dass es der herrschenden Priesterkaste materiell gut geht und sie Macht über die Menschen ausüben kann.

Laut Swedenborg war damals der Glaube an den wahren Gott soweit verloren gegangen, dass die Menschen für den Schöpfer aller Dinge keinerlei Liebe mehr empfinden konnten. Denn was es nicht gibt, das kann man bekanntlich auch nicht lieben. Und weil Liebe nur dann wahrhaftig ist, wenn sie freiwillig ausgeübt wird, ist es selbst für einen Gott unmöglich, mit Menschen, die Seine Existenz verneinen, einen Engelhimmel aus dem Menschengeschlecht zu bilden.

Natürlich würde es sich kaum mit der göttlichen Liebe und Weisheit vereinbaren lassen, wenn Gott für den fatalen Umstand, dass die Gottesliebe der Menschen erstirbt, keine Möglichkeit zur Rettung des Engelhimmels vorhergesehen hätte. Und so hatten bereits viele Jahrhunderte bevor die Liebe erkaltet war, biblische Propheten wie z. B. der Prophet Jesaja[66] die Geburt eines Messias[67] angekündigt, der die Menschheit aus dem Tal der Gottesferne hinausführen soll.

Dieser Messias war kein anderer als Jesus, von dem Sein Lieblingsjünger Johannes schreibt, dass Er das fleischgewordene Wort sei. In Jesus vereinigten sich all die von den Propheten vorausgesagten Faktoren in einzigartiger Weise. Seine Mutter hat Ihn als Jungfrau empfangen und geboren. Sein Name Jesus (Gott ist die Rettung)[68], beinhaltet die vorhergesagten Attribute wie Wunderbar, Gott, Held, Vater der Ewigkeit und Friedensfürst. Er hat den Tod überwunden und Er hat der Menschheit eine Lehre geschenkt, die es jedem einzelnen Menschen ermöglicht, seinen individuellen Weg zum Himmelreich zu gehen.

---

[66] Jesaja lebte zwischen 740 und 701 v. Chr. in der Zeit, als Juda durch die antike Großmacht Assyrien bedroht wurde.
[67] „Ein Knabe ist uns geboren, ein Sohn ist uns gegeben, auf dessen Schulter die Herrschaft ist, und Seinen Namen wird man nennen Wunderbar, Gott, Held, Vater der Ewigkeit, Fürst des Friedens". [Jes. 9,5-6]
„Siehe, die Jungfrau wird empfangen und einen Sohn gebären, den man nennen wird Immanuel (Gott mit uns)". [Jes. 7,14]
[68] Der Name **Jesus** setzt sich aus dem Gottesnamen JHWH – Kurzform Je- – und entweder dem hebräischen Verb schua („edel sein", „um Hilfe rufen") oder dem Verb yascha („retten, helfen") zusammen. In diesem Fall bedeutet der Name Jesus (jeschu`ah): „(Jehova) Rettung" oder um mit Jesaja zu sprechen „Gott ist die Rettung".

Bei den im äußeren Buchstabensinn der Tora verhafteten Juden war Jesus nicht sehr beliebt. Denn sie erwarteten einen Messias, der sie aus dem Joch der römischen Vorherrschaft herausführt und das jüdische Volk in die Position einer Weltmacht navigiert. Ein Gott, der in materieller Armut daherkommt, Menschen kostenlos heilt und von einem Himmelreich predigt, das nur von Menschen betreten werden kann, die Gott über alles und ihren Nächsten wie sich selbst lieben, passte nicht in ihr gottfernes Konzept. Dementsprechend erkannten sie Ihn auch nicht als den fleischgewordenen Gott an.

Und dennoch hat es Jesus völlig unbemerkt von der herrschenden Priesterkaste geschafft, der Menschheit Wege aufzuzeigen, wie sie die verloren gegangene Gottesliebe wiederfinden kann. Ich würde sogar soweit gehen und sagen, dass wir es nur dem Umstand Seines Kommens zu verdanken haben, dass sich die Menschen den Weg zum Engelhimmel nicht für immer versperrt haben, was letztendlich die Existenz der gesamten Schöpfung in Frage gestellt hätte."

„Es mag ja sein", unterbreche ich die Ausführungen von Peter, „dass damals die von dir geschilderten gesellschaftlichen und politischen Umstände so gewesen sind, dass der Glaube an den Gott der Juden irgendwelchen sinnentleerten Ritualen gewichen war. Und wahrscheinlich war es wirklich so, dass die damalige römische Weltmacht aus jüdischer Sicht an Götzen geglaubt hat, aber einen Beweis dafür, dass Gott selbst als Mensch über diese Erde gewandelt ist, kann ich daraus nicht erkennen. Da könnte ich mich schon eher mit der These der Kirchen anfreunden, dass Gott irgendwie mit Maria ein Kind gezeugt hat und dieses Kind als Jesus auf die Welt kam. Wobei das ja eigentlich auch nicht geht", füge ich nachdenklich zu, „denn wie sollte Gott als ein jenseits von Raum und Zeit befindlicher Geist einer irdischen Frau ein Kind machen?"

„Das kann ich gut verstehen", erwidert Peter und führt dann weiter aus, „einen hieb- und stichfesten Beweis dafür, dass Gott als Jesus über diese Erde gewandelt ist, kenne ich natürlich auch nicht. Es gibt keine Fotos, keine Videoaufnahmen und auch keine offiziellen Pressemitteilungen der damaligen Machthaber. Es gibt auch nur wenige von Historikern anerkannte außerbiblische Texte, die zeitnah von Jesus berichten. So ganz spontan fällt mir auch nur der jüdische Historiker Flavius Josephus[69] ein, der in seinen Schriften Jesus erwähnt hat.

Von daher gehört natürlich eine gewisse Portion Glauben dazu, um die historisch nachweisbaren Fakten so zu interpretieren, dass Gott in der Person Jesus auf diese Erde kam.

Für mich persönlich haben zwei Faktoren maßgeblich dazu beigetragen, dass ich zu der Überzeugung gelangt bin, dass der alte Gott der Juden durch Jesus ein sinnlich fassbarer Gott geworden ist.

Da sind zum einen die vielen naturwissenschaftlichen Aspekte, über die wir schon gesprochen haben. Ich denke da z. B. an die Urknall- und die Evolutionstheorie, deren Fundamente für mich auf so wackeligen Füße stehen, dass mir der Schöpfungsakt eines Gottes um ein Vielfaches wahrscheinlicher erscheint, als dass der Mensch vom Affen abstammt. Auch die Ergebnisse der Nahtodforschung und der Hirnforschung zeigen für mich recht deutlich, dass es offensichtlich eine Welt jenseits der sinnlichen Erfahrung gibt. Und die Ergebnisse der Altertumsforschung belegen in vielerlei Hinsicht den historischen Wahrheitsgehalt der Bibel zumindest für die Zeit ab Abraham. Alles in allem scheint mir aus naturwissenschaftlicher Sicht die Annahme, dass es einen schöpferischen Gott gibt, mehr als vernünftig zu sein. In diesem Zusammenhang fällt mir der Spruch des Nobelpreisträgers Heisenberg[70] ein, der einmal gesagt hat: Der erste Trunk

---

[69] Flavius Josephus, (37-100 n. Chr.): "Um diese Zeit lebte Jesus, ein weiser Mensch, wenn man ihn überhaupt einen Menschen nennen darf. Er war nämlich der Vollbringer ganz unglaublicher Taten und der Lehrer aller Menschen, die mit Freuden die Wahrheit aufnahmen. So zog er viele Juden und auch viele Heiden an sich. Er war der Christus. Und obgleich ihn Pilatus auf Betreiben der Vornehmsten unseres Volkes zum Kreuzestod verurteilte, wurden doch seine früheren Anhänger ihm nicht untreu. Denn er erschien ihnen am dritten Tage wieder lebend, wie gottgesagte Propheten dies und tausend andere wunderbare Dinge von ihm vorher verkündigt hatten." [Jüdische Altertümer XVIII.3.3]

[70] Werner Karl Heisenberg (*1901 - † 1976) war ein deutscher Wissenschaftler und Nobelpreisträger, der zu den bedeutendsten Physikern des 20. Jahrhunderts zählt. Er gab 1925 die erste mathematische Formulierung der Quantenmechanik an und formulierte 1927 die nach ihm benannte Heisenbergsche Unschärferelation. [Wikipedia]

aus dem Becher der Naturwissenschaft macht atheistisch; aber auf dem Grund des Bechers wartet Gott.

Diese und viele andere naturwissenschaftlichen Betrachtungen führten letztendlich dazu, dass für mich nur Gott das einzige Sein ist, aus dem alles sein Dasein hat."

Mit einem Augenzwinkern führt Peter weiter aus: „Bevor du mich jetzt fragst, was das alles mit Jesus zu tun hat, möchte ich gleich auf den zweiten Faktor meiner Grundsatzüberlegungen zu sprechen kommen. Als ich für mich die Existenz Gottes anerkannt hatte, wollte ich natürlich mehr über Gott wissen. Dabei bin ich nach langwierigen Nachforschungen letztendlich zu der Überzeugung gelangt, dass der Gott, wie er in den Schriften der Juden und Christen gelehrt wird, der einzig wahre Gott ist.

Wie ich eben schon erwähnt hatte, wurde im Alten Testament der Bibel an mehreren Stellen die Ankunft eines Messias vorhergesagt, der die Menschheit von dem Joch der Unterdrückung befreien sollte. In der vor ca. 2000 Jahren geborenen Person Jesus haben sich nach meinem Empfinden die Vorhersagen der alten Propheten erfüllt. So sagte der Prophet Micha voraus, dass der Messias in Bethlehem geboren wird[71].
Der Prophet Jesaja sagte die Jungfrauengeburt von Jesus voraus. Und David sagte die Umstände seines Todes voraus[72].

Obwohl aus meiner Sicht Jesus der von den Propheten angekündigte Messias war, konnten ihn die damaligen Juden einfach nicht anerkennen. Denn Er befreite, wie gesagt, das jüdische Volk nicht von dem Joch der römischen Besatzung und führte Israel auch nicht als großer Feldherr in irgendwelchen Schlachten von Sieg zu Sieg. Sie erwarte-

---

[71] „Und du Bethlehem Ephrata, die du klein bist unter den Städten in Juda, aus dir soll mir kommen, der in Israel HERR sei, welches Ausgang von Anfang und von Ewigkeit her gewesen ist." [Mi. 5, 2]
[72] Denn Hunde haben mich umgeben, der Bösen Rotte (Gemeinde) mich umringt; sie haben Hände und Füße mir durchbohrt, ich zähle all meine Gebeine; sie blicken, sie sehen auf mich. Sie teilen meine Kleider unter sich, und werfen über mein Gewand das Los. [Ps. 22/17-19]

ten halt jemand, der mit Pomp und äußerem Schaugepränge etwas hermacht und nicht als verarmter Wanderprediger durch die Lande zieht und den Menschen vom nahestehenden Himmelreich predigt.

Doch genau das tat Jesus. Er rief die Menschen dazu auf, der amtierenden Obrigkeit untertan zu sein[73]. Er ließ keinen Zweifel darüber, dass Sein Reich nicht von dieser Welt ist[74]. Und Er bewies durch Sein Leben, dass es sich lohnt, den Verlockungen der Welt zu widerstehen, um dadurch das Tor zu einem wesentlich erfüllteren Leben aufzustoßen. Oder um einmal Jesus frei zu zitieren: Was nützen uns die Schätze der Welt, wo sie von Motten und Rost zerfressen oder von Dieben gestohlen werden können? Ist es nicht besser, himmlische Schätze zu sammeln, die weder von Rost noch von Motten zerfressen oder von Dieben gestohlen werden können[75].

Solche für damalige Verhältnisse revolutionäre Gedanken und Ideen, wie Jesus sie lehrte, eigneten sich nun nicht gerade dazu, die bestehenden Machtverhältnisse mit Gewalt zu verändern. Sie eignen sich aber wunderbar dazu, die inneren, seelischen Verspannungen zu lösen, welche im Menschen durch eine im Bösen und Falschen begründete Lebensweise entstehen. Von daher haben die Lehren des Herrn bis heute nichts vor ihrer Aktualität und Kraft zur Lebensqualitätssteigerung verloren."

Hier unterbricht Peter seine Ausführungen und schaut mich erwartungsvoll an.

Mit einem lang gezogenem „Hmmm", versuche ich etwas Ordnung in meine Gedanken zu bekommen. „Wenn ich Dich jetzt richtig verstanden habe, dann vertrittst du die Meinung, dass die Vorhersagen

---

[73] Da spricht Er (Jesus) zu ihnen: So gebt denn dem Kaiser, was des Kaisers ist, und Gott, was Gottes ist. [Matth. 22,21]
So seid nun untertan aller menschlichen Ordnung um des Herrn willen, sowohl dem König, der die oberste Gewalt hat. [1. Petrus 2,13]
[74] Jesus antwortete: mein Reich ist nicht aus dieser Welt. Wäre mein Reich aus dieser Welt, so würden meine Diener kämpfen, dass ich nicht den Juden überantwortet würde. Nun ist aber mein Reich nicht von hinnen. [Joh. 18,36]
[75] Matth. 6,19-19

der alten jüdischen Propheten in der Person von Jesus in Erfüllung gegangen sind."

Das Kopfnicken von Peter als Zustimmung auffassend, führe ich weiter aus: „Leider kenne ich mich viel zu wenig in der Bibel aus, um beurteilen zu können, ob die Voraussagen wirklich alle so eingetreten sind, wie sie von den Propheten vorhergesagt wurden. Aber ich gehe mal davon aus, dass ihr das gut recherchiert habt.

Aber selbst wenn Jesus nun auch noch die von Sabrina angedeuteten außergewöhnlichen Fähigkeiten wirklich besessen hat, dann kann ich mir noch immer nicht wirklich vorstellen, dass der unendliche Gott als Mensch in der Person Jesus über diese Erde gelaufen ist. Ich muss zwar zugeben, dass ich bisher noch von keinem anderen Menschen als Jesus gehört habe, der schon in Verwesung befindliche Leichen wiederbelebt hat. Und außer von Ihm habe ich auch noch von niemanden gehört, dass ein am Kreuz zu Tode gebrachter Mensch nach drei Tagen aus einem von Soldaten bewachten Grab lebend herausgekommen ist.

Ich will mal unterstellen, dass die erfüllten Prophezeiungen der Propheten genauso wahr sind wie die Geschichten, die man über Jesus im Neuen Testament nachlesen kann. Wenn dem so ist, dann muss ich wohl oder übel zugeben, dass man hier von einem Menschen mit göttlichen Attributen reden kann. Aber wie soll denn das praktisch gehen, dass Gott in der Unendlichkeit waltet und schaltet und gleichzeitig als Mensch über diese Erde läuft. Irgendwie ist mir dieser Gedanke sehr suspekt."

Für einen Augenblick kehrt Stille in unser Abteil ein und man spürt förmlich, wie meine Weigerung Jesus und Gott in einen Topf zu werfen, dazu führt, dass sich bei den beiden eine gewisse Anspannung bemerkbar macht.

Scheinbar hält Sabrina diese Spannung nicht mehr aus, denn sie öffnet den Mund und sagt etwas zögerlich: „Ich kann deine Zweifel sehr gut nachempfinden, denn auch mir war es lange Zeit völlig unverständlich, wie sich der unendliche Gott in einen menschlichen Körper inkarnieren kann. Erst als ich mir durch die Lehren Swedenborgs darüber bewusst wurde, dass es Raum und Zeit nur in der materiellen Welt gibt, bekam ich eine Ahnung davon, wie das mit der göttlichen Allgegenwart funktioniert.

An irgendeiner Stelle schreibt Swedenborg, dass das Göttliche oder Gott sich nicht in Raum und Zeit befindet, obwohl Er allgegenwärtig und bei jedem Menschen in der Welt und bei jedem Engel im Himmel und bei jedem Geist im Geisterreich ist[76]. Womit Swedenborg für mein Gefühl recht gut zum Ausdruck bringt, dass Gott das einzige Sein ist, durch das alles in der Schöpfung sein Dasein erhalten hat. Und weil Gott sich Seiner Selbst vollständig bewusst ist, kann Er in Seiner unendlich großen Schöpfung zu jeder Zeit und an jedem Ort gegenwärtig sein.

Ich glaube, das ist das Geheimnis, wie Gott es schafft, jeden einzelnen Menschen unter Wahrung der Willensfreiheit so zu leiten und zu führen, als ob Er sich nur um diesen einen Menschen kümmern würde. Und genauso hat Er es auch bei Jesus gemacht. In der Seele von Jesus war Gott in Seiner Fülle anwesend, ohne auch nur den Bruchteil einer Sekunde in irgendeinem Atom Seiner Schöpfung abwesend zu sein.

Über die vom göttlichen Sein durchdrungene Seele des Herrn[77] konnte Gott als Jesus das Kleid der Materie anziehen. Oder um es mit dem Lieblingsjünger des Herrn Johannes auszudrücken:

„Im Anfang war das Wort, und das Wort war bei Gott, und Gott war das Wort; dieses war im Anfang bei Gott; alles ist durch dasselbe

---

[76] Dass das Göttliche oder Gott nicht im Raume sei, obgleich es allgegenwärtig und bei jedem Menschen in der Welt und bei jedem Engel im Himmel und bei jedem Geist unter dem Himmel ist, lässt sich in bloß natürlicher Vorstellung nicht erfassen, wohl aber in geistiger Vorstellung. [GLW, 7]

[77] Sein und Dasein sind auch im Gott-Menschen unterscheidbar Eins, wie Seele und Leib. Es gibt keine Seele ohne ihren Leib und keinen Leib ohne seine Seele. Die Göttliche Seele des Gott-Menschen ist es, die unter dem 'Göttlichen Sein' verstanden wird, und der Göttliche Leib, welcher unter dem 'Göttlichen Dasein' verstanden wird. [GLW, 14]

geworden, und ohne dasselbe ist nichts geworden, was geworden ist. Und das Wort ward Fleisch, und wohnte unter uns, und wir sahen Seine Herrlichkeit, eine Herrlichkeit als des Eingeborenen vom Vater. Niemand hat Gott je gesehen, der eingeborene Sohn, Der im Schoß des Vaters ist, Der hat es uns verkündigt[78]"

Anscheinend interpretiert Sabrina aus meiner Körpersprache leichte Irritationen über ihre Ausführungen, denn ihr Gesicht errötet leicht und sie holt tief Luft, bevor sie weiterspricht:

„Ich merke schon, dass du mit meinem Erklärungsversuch auch nicht zufrieden bist, aber besser kann ich es leider nicht. Ich bin einfach durch das Lesen in der Bibel und in den Werken Swedenborgs zu der festen Überzeugung gelangt, dass Jehova Gott in Jesus Christus vor ca. 2000 Jahren als Mensch über diese Erde gewandelt ist.

Wahrscheinlich ist es auch nicht mein Ding, über solch hochkomplexe Dinge zu theoretisieren."
Nach einem kurzen Stocken in ihrem Redefluss erhellt sich plötzlich das Gesicht von Sabrina und sie sagt zu mir gewandt: „Das Einzige, was ich jetzt noch zu diesem Thema anführen könnte, wäre der 139. Psalm. In diesem, meinem Lieblingspsalm, bringt König David seine Verwunderung und Ehrfurcht über die Allgegenwart Gottes zum Ausdruck. Für mich waren und sind die Worte dieses Psalmes so bedeutsam, dass ich ihn vor einiger Zeit auswendig gelernt habe. Wenn es Okay ist, würde ich gerne diesen Psalm für Dich jetzt rezitieren."

Erwartungsvoll schaut mich Sabrina an, sodass ich natürlich gar nicht anders kann, als ihrem Wunsch mit einem Freundlichen: „Ja gerne" zu entsprechen.

Nachdem sie sich aufrecht hingesetzt hat, spricht sie die Worte:

„Herr, du erforschest mich und kennst mich,
du weißt es, ob ich sitze oder aufstehe,
du verstehst, was ich denke von Ferne,

---

[78] Joh. 1/1-3,14,18

ob ich wandere oder ruhe, du prüfst es,
und bist mit all meinen Wegen vertraut;
denn ehe ein Wort auf meiner Zunge liegt,
kennst du, o Herr, es schon genau.
Du hältst mich von hinten und von vorne umschlossen
und hast deine Hand auf mich gelegt.
Zu wunderbar ist solches Wissen für mich,
zu hoch: ich vermag´s nicht zu begreifen!
Wohin soll ich gehen vor deinem Geist
und wohin fliehen vor deinem Antlitz?
Stiege ich auf zum Himmel, so wärst du da,
und lagerte ich mich in der Unterwelt, so wärst du dort.
Nähme ich Schwingen des Morgenrots zum Flug,
und ließe mich nieder am äußersten Weltmeer,
so würde auch dort deine Hand mich führen
und deine Rechte mich fassen.
Und spräche ich: 'Lauter Finsternis soll mich umhüllen
und Nacht sei das Licht um mich herum!'
auch die Finsternis würde für dich nicht finster sein,
vielmehr die Nacht dir leuchten wie der Tag:
Finsternis wäre für dich wie das Licht.
Du bist es ja, der meine Nieren erschuf,
mich gewoben im Schoß meiner Mutter.
Ich danke dir, dass ich so überaus wunderbar bereitet bin;
wunderbar sind deine Werke,
und meine Seele erkennt das gar wohl.
Meine Wesensgestaltung war dir nicht verborgen,
als im Dunkeln ich gebildet ward,
kunstvoll gewirkt in den Tiefen der Erde.
Deine Augen sahen mich schon als formloser Keim,
und in deinem Buch standen eingeschrieben
alle Tage, die vorbedacht waren.
Für mich nun - wie kostbar sind deine Gedanken, o Gott,
wie gewaltig sind ihre Summen!
Wollte ich sie zählen, ihrer sind mehr als des Sandes;
wenn ich erwache, bin ich noch immer bei dir."

Diese wirklich sehr gefühlvoll vorgetragenen Worte stehen förmlich für einige Augenblicke im Abteil und wir drei sind irgendwie ergriffen.

Nachdem ich mich ein wenig gesammelt habe, sage ich zu Sabrina: „Ich muss schon sagen, diesen Psalm hast du wirklich sehr gut vorgetragen. Ich konnte richtig spüren, in welcher gedanklichen Tiefe sich der König David mit der Allgegenwart Gottes auseinandergesetzt hat.

Auch wenn Davids Gedanken für mich kein Beweis dafür sind, dass Gott in der Person Jesus über diese Erde gewandelt ist, sind sie doch in Bezug auf die Gegenwart Gottes sehr interessant. Scheinbar vertritt David genauso wie ihr die Auffassung, dass sich Gott individuell um jeden einzelnen Menschen kümmert.

Da stellt sich mir nun die Frage, wie schafft Gott es, zu jeder Zeit an jedem Ort gegenwärtig zu sein? Und wie soll er es schaffen, sich um die persönlichen Dinge eines jeden Menschen zu kümmern? Ich kann mir das mit der Allgegenwart einfach nicht vorstellen. Vielleicht könnt ihr mir ja dazu etwas sagen."

Natürlich lässt sich Peter wie immer nicht zweimal bitten und ergreift sofort das Wort.

„Um auf diese wirklich wichtige Frage antworten zu können, muss man bedenken, dass es zwei unterschiedliche Betrachtungsebenen gibt. Da sind zum einen die persönlichen Erfahrungen, die man im Laufe seines Lebens gesammelt hat, und zum anderen die theoretischen Erkenntnisse, die man sich durch die Studien der swedenborgschen Werke erarbeitet hat."

Mit einem Blick auf seine Armbanduhr sagt Peter: „Wenn ich so auf meine Uhr schaue, dann haben ja wir bis Nürnberg gar nicht mehr so viel Zeit, um dieses Thema in allen Einzelheiten zu besprechen. Von daher schlage ich vor, dass ich zuerst kurz etwas über die Sichtweise Swedenborgs erzähle."

Ohne auf eine Reaktion von mir zu warten, redet Peter ruhig weiter:

„Wie wir ja vorhin schon besprochen haben, ist das Göttliche oder Gott weder im Raum noch in der Zeit[79]. Raum und Zeit sind Attribute der materiellen Schöpfung, deren Substanzen letztendlich aus den Gedanken und Ideen Gottes bestehen. Alles was wir mit unseren Sinnen wahrnehmen, besteht in seinem innersten Grund aus Substanzen, die ihre Existenz ausschließlich der Tatsache verdanken, dass es einen außerhalb von Raum und Zeit befindlichen Gott gibt, der Seine Gedanken mit Seinem Göttlichen Willen fixiert. Und weil Gott nicht einen einzigen Seiner endlos vielen Gedanken vergessen oder aus Seinem Bewusstsein entfernen kann, weiß er natürlich bestens über alles Bescheid, was in Seiner gesamten Schöpfung vor sich geht[80].

Mit anderen Worten, die Göttliche Allgegenwart ergibt sich schon allein aus der Tatsache, dass alles, was von Gott jemals in das Dasein gestellt wurde, völlig von Seinem Bewusstsein durchdrungen ist. Von daher weiß Er natürlich auch von allem, was jemals auf dieser Erde geschehen ist und was gerade in diesem Augenblick irgendwo im verborgensten Winkel dieser Welt geschieht. Ihm bleibt nichts von dem verborgen, was Seine Geschöpfe denken, fühlen und tun, dies gilt selbstverständlich auch für uns Menschen.

---

[79] Dass das Göttliche oder Gott nicht im Raume sei, obgleich es allgegenwärtig und bei jedem Menschen in der Welt und bei jedem Engel im Himmel und bei jedem Geist unter dem Himmel ist, lässt sich in bloß natürlicher Vorstellung nicht erfassen, wohl aber in geistiger Vorstellung. [GLW 7]
Wenn das Göttliche in allem Raum ohne Raum ist, so ist es auch in aller Zeit ohne Zeit; denn nichts, was der Natur eigen ist, kann von dem Göttlichen ausgesagt werden, und der Natur sind eigen Raum und Zeit. ... Anders aber ist es in der geistigen Welt, dort erscheint das Fortschreiten des Lebens ebenfalls in der Zeit. Denn sie leben dort unter sich wie die Menschen der Welt unter sich, was nicht möglich ist ohne den Schein einer Zeit. ... Allein die Zeit wird dort nicht in Zeiten abgeteilt wie in der Welt, ..., sondern anstatt derselben in Lebenszustände, durch welche eine Unterscheidung eintritt, die man aber nicht eine Unterscheidung in Zeiten nennen kann, sondern in Zustände. [GLW 73]
[80] Hieraus kann man erkennen, dass man sich Gott, ... für den es durchaus keine Scheinbarkeit des Raumes geben kann, nicht räumlich denken darf und dass man alsdann begreifen kann, dass Er das Weltall nicht aus Nichts, sondern aus Sich selbst erschaffen hat; ferner, dass ... Er im Ersten und im Letzten und im Größten und Kleinsten derselbe ist. [GLW 258]

Aber obwohl Gott jedes Wort genau kennt, ehe es auf der Zunge eines Menschen liegt, kann und darf Er auf die Geschicke der Menschen keinen direkten Einfluss nehmen. Der Mensch zeichnet sich als 'Krone der Schöpfung' nun einmal dadurch aus, dass ihm von Gott die Willensfreiheit geschenkt wurde. Und weil es gegen die Ordnung Gottes wäre, wenn Er die Willensfreiheit des Menschen antasten würde, musste Er eine Möglichkeit finden, um trotzdem einen gewissen Einfluss auf die Lebenswege der Menschen nehmen zu können.

Für diese indirekte Einflussnahme verwende ich gerne den Begriff vom fein gesponnenen Netz der göttlichen Vorsehung."

„Aha", brumme ich nachdenklich in mich hinein, um sofort zu fragen: „und wie funktioniert das mit diesem fein gesponnenen Netz?"

„Nun", antwortet Peter, „das ist gar nicht so schwer zu verstehen, wenn man bedenkt, dass Gott ja jedes noch so kleine Detail Seiner unendlichen Schöpfung nicht nur kennt, sondern auch um alles weiß, was in der Vergangenheit, der Gegenwart und sogar in der Zukunft geschieht. Dementsprechend kann Gott gewisse Parameter so setzen, dass Er auf die Lebenswege der Menschen Einfluss nimmt, ohne die Willensfreiheit in irgendeiner Art anzutasten.

Die sicherlich markantesten Parameter sind der Zeitpunkt der Geburt, die Wahl des Elternhauses und der körperliche Zustand bei der Geburt. Ganz bestimmt wird es den Lebensweg entscheidend beeinflussen, ob jemand zu Friedenszeiten in einem behüteten Elternhaus aufwächst oder ob er in einem Land geboren wird, wo Bürgerkrieg herrscht und die Eltern um das nackte Überleben kämpfen müssen.

Eine weitere Einflussebene ist die der körperlichen Gesundheit. Der Mensch hat es durchaus bis zu einem gewissen Grade selbst in der Hand, ob er körperlich und seelisch gesund ist. Aber wenn er sich ungesund ernährt, irgendwelche Drogen zu sich nimmt, ständig unter Stress lebt und sonstige ungesunde Angewohnheiten auslebt, darf er sich nicht wundern, wenn er krank wird.

Nun zeigt die Erfahrung, dass wenn zwei Menschen gleich ungesund leben, oftmals der eine, wenn überhaupt, wesentlich später Krankheitssymptome zeigt. Auch hier wirkt das fein gesponnene Netz der göttlichen Vorsehung, denn auf den Zeitpunkt des Krankheitsausbruches hat Gott eine Menge Einflussmöglichkeiten.

Auch die Auswirkungen der von Menschen produzierten Umweltkatastrophen sind eine Möglichkeit Gottes, auf die Lebenswege der Menschen Einfluss zu nehmen. Wie viele Menschen verlieren ihr Hab und Gut oder ihre Gesundheit durch Unwetter, Erdbeben oder Feuersbrünste? Warum zieht der Wirbelsturm oder das Feuer an dem einen Haus vorbei und das Nachbarhaus wird völlig zerstört? Ich denke, auch hier hat Gott Seine Hand im Spiel.

Neben diesen doch mehr groben Einflussmöglichkeiten im Leben des Menschen steht Gott natürlich eine unzählige Menge von mehr oder weniger subtilen Hilfsmitteln zur Verfügung.

Ich denke da an die ganzen 'Zufälle', die uns im Alltag begegnen. Sei es, dass wir unbekannten Menschen begegnen, durch die wir Informationen, Freude oder Leid erfahren. Sei es, dass wir nur knapp an den kleinen und großen Unfällen des Alltags vorbeischlittern. Oder sei es, dass man, nichts ahnend, in einem Zugabteil sitzt und mit einem fremden Menschen hochgeistige Gespräche führen kann."

An dieser Stelle unterbricht Peter seine Ausführungen und schaut mit einem Lächeln im Gesicht in die Runde.

Noch bevor ich etwas sagen kann, ergreift Sabrina das Wort und sagt: „Du Papa, haben wir noch genug Zeit, damit ich euch vorher noch eine kleine Geschichte erzählen kann, oder müssen wir uns schon zum Aussteigen fertig machen?"

Nach einem kurzen Blick auf seine Uhr nickt Peter mit dem Kopf, was Sabrina wohl als Aufforderung zum Erzählen deutet.

Und so erzählt sie:

„Bei der Geschichte geht es um einen Mann, der durch die vielen traurigen Ereignisse auf dieser Welt zu der Überzeugung gelangt war, dass Gott sich nicht allzu viel um die Menschen kümmert und ganz ruhig zusieht, wie die Schwachen von den Mächtigen unterdrückt und die Armen von den Reichen übervorteilt werden.

In Seiner unfassbaren Barmherzigkeit sandte Gott zu diesem Mann, der ein tugendhaftes Leben führte, einen Engel. Dieser sprach zu ihm: ‚Du sollst die unbegreiflichen Wege Gottes kennenlernen, folge mir!'

Da führte der Engel den Mann in einen Palast zu einem sehr reichen Herrn. Diesem schenkte der Engel eine große Geldsumme und viele Edelsteine.
Während dieser Beschenkung meldete sich ein Bedürftiger beim Reichen. Diesen Armen tötete der Engel.
Anschließend führte der Engel den Mann in ein Dorf zu einer fast morschen Hütte, wo eine zahlreiche, überaus arme Familie wohnte. Diese Hütte steckte der Engel in Brand, und die armen Bewohner retteten nichts als ihr Leben.
Als der Mann all dieses sah, sprach er zum Engel: ‚Du bist kein Bote Gottes, sondern ein Bote des Teufels! Du häufst Ungerechtigkeit über Ungerechtigkeit!'

Der Engel sprach: ‚Höre, und du sollst bald anders urteilen! Siehe, der Reiche, den ich beschenkte, war stolz und geizig. Als ich aber seinen Reichtum so bedeutend erhöhte, fing er an zu prassen und verschwendete alles, sodass er zu einem Bettler wurde und anfing, sich zu demütigen.
Der Bettler, den ich tötete, war auf einem guten Weg, er hätte aber noch am selben Tage eine große Erbschaft gemacht, dadurch wäre er hochmütig geworden, hätte ausschweifend gelebt und wäre von Gott gänzlich abgefallen.
Die arme Familie, deren Hütte ich in Brand steckte, wurde zuvor im Dorfe fast gar nicht berücksichtigt. Das Brandunglück aber erregte nah und fern großes Mitleid, und die arme Familie wurde von allen Seiten reichlich beschenkt.'

Ich finde", fügt Sabrina noch hinzu, „diese kleine Geschichte verdeutlicht den Gedanken vom fein gesponnenen Netz der göttlichen Vorsehung ziemlich gut. Denn den Engel in dieser Geschichte könnte man auch gut als ein Synonym für die göttlichen Kräfte verstehen, durch die die Geschicke der Menschen beeinflusst werden.

Naja, wie mein Vater schon sagte, Tod, Feuersbrünste und 'zufällige' Lotteriegewinne sind nun einmal Mittel, durch die Gott auf die Lebensumstände der Menschen einwirken kann, ohne sie dabei in ihrem freien Willen einzuschränken.

Apropos freier Wille, ich glaube wir müssen jetzt wirklich unsere Sachen zusammenpacken."

Woraufhin die beiden aufstehen, vorsichtig ihre Taschen von der Kofferablage herunter holen und damit beginnen, ihre Bücher einzupacken.

Ohne mich von dieser Betriebsamkeit irritieren zu lassen, sage zu Sabrina:

„Du, Sabrina, deine Geschichte mit dem Engel fand ich echt gut. Durch die Diskrepanz zwischen dem, was der Egel tut und dem, wie es dem Mann erscheint, beginne ich nachzuempfinden, was ihr mit diesem fein gesponnenen Netz meint. Natürlich bleiben noch ein paar Aspekte ungeklärt, aber so wie es aussieht, werden wir wohl darüber nicht mehr sprechen können.

Kann man denn mit euch in Berlin irgendwie in Kontakt treten, um dieses wirklich sehr spannende Gespräch fortzuführen?"

„Leider nicht", sagt Sabrina, „denn wir werden wohl in der nächsten Zeit nicht mehr nach Berlin kommen. Aber wir können ja unsere Emailadresse austauschen und über das Internet Kontakt aufnehmen. Uns erreichst du übrigens unter der Internetadresse: www.swedenborg.at."

„Super Idee", sage ich, „hast du zufällig Stift und Papier zur Hand, dann schreibe ich dir meine Emailadresse auf."

„Zufällig ja", sagt Sabrina lächelnd und reicht mir aus ihrer Handtasche einen Zettel und einen Stift.

Kaum habe ich meinen Namen und meine E-Mailadresse auf das Papier geschrieben, da schickt sich der Zug auch schon an, seine Geschwindigkeit merklich zu reduzieren.

So bleibt mir nur noch die Zeit, den Zettel zurückzugeben und den beiden bei einem Händedruck zu versichern, dass ich die gemeinsame Zeit mit ihnen als sehr angenehm und lehrreich empfunden habe.

Nach unserer kurzen, aber sehr herzlichen Verabschiedung verlassen die beiden mit ihrem Gepäck fluchtartig das Abteil, um bloß nicht ihren Ausstieg zu verpassen.

Die Tür des Abteils ist noch gar nicht richtig geschlossen, da kommt der Zug auch schon zum Stehen und ich begebe mich zum Fenster, um zu schauen, ob ich die beiden vielleicht noch einmal zu sehen bekomme.

Als der Zug nach kurzem Halt wieder anfährt, sehe ich die beiden auf dem Bahnsteig stehen und winken. Natürlich winke ich wie wild zurück, aber nach kurzer Zeit verlieren wir uns aus den Augen.

Etwas wehmütig setze ich mich auf meinem Platz zurück und lasse in Gedanken die Stunden mit Sabrina und Peter Revue passieren.

Wenn ich so bedenke, dass ich mir über die Frage nach der Existenz eines Gottes noch nie so wirklich Gedanken gemacht habe, dann muss ich zugeben, dass dieses Zusammentreffen mit den beiden doch einen sehr tiefen Eindruck bei mir hinterlassen hat.

Egal worüber wir gesprochen haben, sei es über die Evolutionstheorie, Raum und Zeit oder das fein gesponnene Netz der göttlichen Vorsehung, immer hatten die beiden gute Argumente, die man nicht so ohne Weiteres von der Hand weisen konnte. Fairerweise müsste ich eigentlich die Existenz eines Gottes anerkennen.

Je länger ich über die Unterhaltung mit Sabrina und Peter nachdenke, umso mehr werde ich mir darüber bewusst, dass es die beiden mit ihrem Swedenborg geschafft haben, mich von der Realität eines jenseits von Raum und Zeit befindlichen Gottes zu überzeugen.

Es sind zwar noch viele Fragen offen geblieben, aber die grundsätzlichen Gedanken der beiden hatten einen wirklich überzeugenden Tiefgang.

Wenn ich so in mich hinein fühle, dann steigt aus meiner Seele ein Bild auf, das man mit den Worten umschreiben könnte: „Im ICE zu Gott …"

Abkürzungen

GLW	Göttliche Liebe und Weisheit	(E. Swedenborg)
WCR	Wahre Christliche Religion	(E. Swedenborg)
HG	Himmlische Geheimnisse	(E. Swedenborg)
H.u.H.	Himmel und Hölle	(E. Swedenborg)
Joh.	Evangelium nach Johannes	(Neues Testament)
Luk.	Evangelium nach Lukas	(Neues Testament)
Matth.	Evangelium nach Matthäus	(Neues Testament)
1.Tim.	1. Timotheusbrief des Paulus	(Neues Testament)
2.Mose	2. Buch Mose	(Altes Testament)
Neh.	Buch Nehemia	(Altes Testament)
Jes.	Prophet Jesaja	(Altes Testament)
Jer.	Prophet Jeremia	(Altes Testament)
Sach.	Prophet Sacharja	(Altes Testament)
Dan.	Prophet Daniel	(Altes Testament)
Ps.	Psalmen	(Altes Testament)
Mi.	Prophet Micha	(Altes Testament)

Das Mysterium der **Schöpfung**

In seinem aktuell erschienenen Buch setzt sich Jürgen Kramke mit den Grundlagen der geistigen und natürlichen Schöpfung auseinander. Als Fundament für seine Ausführungen bezüglich der Ursachen und Kräfte, die das Universum entstehen ließ und bestehen lässt, beruft sich der Autor neben der Naturwissenschaft auf die Aussagen des Naturforschers und Visionär Emanuel Swedenborg (1688 - 1772). Viele Erkenntnisse aus der Quantenphysik hat Emanuel Swedenborg, dessen Werke im Weltdokumentenerbe der UNESCO verzeichnet sind, vorweggenommen.

So wusste er z. B., dass der Urgrund der Materie geistiger Natur ist. Eine Erkenntnis, die erst viele Jahrzehnte nach Swedenborgs Tod von dem Physiker und Nobelpreisträger Max Planck formuliert wurde. Auch die von dem Quantenphysiker Hans-Peter Dürr postulierte Existenz einer jenseitigen Welt und dem Weiterleben nach dem Tod, hat Swedenborg in seinen Werken nachgewiesen. Swedenborg kannte wie kaum ein Anderer die Verhältnisse und Gesetzmäßigkeiten der geistigen Welt mit ihren Wechselwirkungen zur natürlichen Welt.

Mit diesem Hintergrund setzt sich der Autor in seinem Buch mit den existenziellen Fragen der Schöpfung und des Lebens auseinander. Dabei werden die folgenden Themen ausführlich behandelt:

Die Entwicklung des Lebens vom Mineralreich zum Menschen
Die Lehre von den Graden
Raum und Zeit
Die Entsprechungskunde
Gott ist Mensch
Die Verhältnisse in der jenseitigen Welt

Dieses Buch möchte Ihnen neue Sichtweisen über die Grundlagen der geistigen und natürlichen Schöpfung nachvollziehbar aufzeigen.

Das 204 Seiten starke Buch kann in jeder Buchhandlung und über das Internet zu einem Preis von 8,99 € bezogen werden.
Herstellung und Verlag: BoD – Books on Demand, Norderstedt
ISBN 978-3739273198

Der schmale Pfad zum Glück

Wer dauerhaft glücklich sein will, sollte wissen, wo man das Glück finden kann. In lebensnahen und liebevoll geschriebenen Kurzgeschichten möchte der Autor den Leser mit dem Gedanken vertraut machen, dass das Lebensglück nicht in der Welt mit ihren vielfältigen Ablenkungen zu finden ist. Neid, Habgier und Lieblosigkeit sind keine Garanten für ein glückliches Leben.

Das Buch bietet als Alternative zu den Verlockungen der Welt eine warme und einfühlsame Begegnung mit Jesus Christus an, ohne dabei in die klischeehaften Vorstellungen eines rachsüchtigen und strafenden Gottes zu verfallen. Die Texte laden den Leser ein, in den tieferen Schichten der eigenen Seele den Schlüssel zum wahren Lebensglück zu suchen. Dort, wo Raum und Zeit ihre Gültigkeit verlieren, eröffnet sich dem wahrhaft Suchenden die persönliche Nähe zu Gott. Vielleicht begegnet dabei ja auch Ihnen Jesus Christus, der Ihnen zuruft: „Kommet alle, die ihr mühselig und beladen seid, Ich will euch erquicken!"

Von der Überzeugung getragen, dass das Streben nach dem individuellen Glück zur menschlichen Natur gehört, zeigen die Erzählungen Wege auf, wie man das Glück in der eigenen Seele suchen und finden kann. Auf psychologisch einfühlsame Weise werden dem Leser Möglichkeiten aufgezeigt, wie er zum Grund seiner eigenen Seele vorstoßen kann. Dort, in den unbekannten Bereichen seines Seins bzw. seiner Lebensliebe begegnet ihm vielleicht Gott.

Das 256 Seiten starke Buch kann in jeder Buchhandlung und über das Internet zu einem Preis von 8,99 € bezogen werden.

Herstellung und Verlag: BoD – Books on Demand, Norderstedt
ISBN: 978-3739225975

Und die Wasser teilten sich ...

Immer wieder entbrennen weltweit Diskussionen darüber, ob die Bibel geheime, codierte Botschaften enthält. Botschaften die sich auf konkrete Ereignisse der Vergangenheit aber auch auf die heutige und zukünftige Zeit beziehen sollen. Viele Bibelkenner entschlüsseln aus der Bibel grauenvolle Endzeitszenarien die bereits jetzt ihre unheimlichen Schatten über die Menschheit werfen. Umweltkatastrophen, Kriege und die sittliche Verrohung der Menschheit werden als Bestätigung der geheimen Bibelbotschaften angesehen.

Gibt es diese geheimen Bibelbotschaften wirklich?

Vor fast 300 Jahren hat der große schwedische Naturforscher und Visionär Emanuel Swedenborg, dessen Manuskripte im Weltdokumentenerbe der UNESCO verzeichnet sind, ein revolutionäres System zur Decodierung der Bibel entdeckt. Dieses leider völlig in Vergessenheit geratene System ermöglicht es dem Leser, die im äußeren Buchstabensinn verborgen liegenden Botschaften der Bibel zu entschlüsseln. Durch die konsequente Anwendung des durch Swedenborg aufgezeigten Bibeldecodierungssystems ist es möglich, aus der gelebten Vergangenheit den aktuellen Lebenszustand zu erkennen und so die eigene Zukunft zu beeinflussen.

Der Autor enthüllt an konkreten Textbeispielen, welches Wissen in der Bibel über die menschliche Seelenstruktur enthalten ist, wie der Code funktioniert und was diese Entdeckung für den einzelnen Menschen bedeutet. Um dem Leser das eigene decodieren der Bibeltexte zu erleichtern wurde dem Buch ein Index der verwendeten entschlüsselten Codeworte beigefügt.

Das 152 Seiten starke Buch kann in jeder Buchhandlung und über das Internet zu einem Preis von 13,80 € bezogen werden.

Herstellung und Verlag: Monsenstein und Vannerdat, Münster
ISBN: 978-3-8658-2825-5